プロブレムQ&A

在日「外国人」読本

三訂増補版

［ボーダーレス社会の基礎知識］

■

佐藤文明・著

緑風出版

プロブレムQ&A

目次

プロブレム
Q&A

Q1 「外人」と呼ぶと嫌がる外国人がいるのはなぜですか?
友人だと思っていた外国人に「外人」という言葉を使ったら、ひどく怒られました。理由を聞いてもよくわかりません。どうしてなのでしょうか。 10

Q2 気軽に使っているけど「日本人」ってどんな人のこと?
「あなたはなぜ、日本人なのか」「日本人とはなんなのか」と問われると、うまく答えられないことに気づきました。これはいったいどうしてなのでしょう。 14

Q3 国籍を捨てたい、と思っているのですが……
「日本人をやめたい、国籍を捨てたい」と思っているのですが、可能でしょうか。国境と国籍、国家と民族といったことについても教えてください。 19

Q4 「日本人はバナナだ」ってどういうことですか?
知りあいのアジア人から「日本人はバナナだ。アジア人の心はわからない」といわれました。こんなふうに言われないためにはどうしたらいいのでしょうか。 23

Q5 日本の少数民族はどのようになっているのですか?
私は自分の姓が嫌いです。昔は日本にも氏のない人たちがいたと聞きますが、その人たちはどうしてしまったのでしょう。少数民族のその後が気になります。 29

Q6 少数民族の「同化」はホントに成功したのですか?
日本にもちがった文化を持った先住民がいるとすれば貴重です。ぜひ、その文化に触れてみたい。「同化」されずに、いまも生活しているのでしょうか。 33

Q7 「同化」と「皇民化」とはどこがちがうのですか?
戦前、すべての国民は天皇の赤子として平等だったといわれます。でも、戦後はその天皇が差別の根源だった、ともいわれます。どっちが本当なのでしょう。 38

Q8 「皇民化」はすべての占領地で行なわれたのですか?
父は満州を「家を捨てた男の希望の大地だった」といいます。けれど、それは「中国人の絶望の上に築かれた」ともいいます。日本は満州で何をしたのですか。 42

Q9 日本に朝鮮人が多いのはどうしてなんですか？
大阪の生野区には朝鮮市場があるそうです。超ミニ市場は東京にもあり、最近、川崎にもできたとのこと。楽しみですが、なぜ日本には朝鮮人が多いのですか。 47

Q10 関東大震災で朝鮮人が殺されたって本当ですか？
級友の朝鮮人が私に「十五円といってみろ」といいます。巻き舌の私は戸惑いましたが「それで殺された人がいたんだよ」と教えられ、信じられませんでした。 53

Q11 戦争中、日本がアジアでやったことを教えてください。
受験教育のおかげで、私も現代史はおざなりです。しかし、アジアでは建国史そのものである現代史。最低限知っておくべきことがあるかと思いますが……。 58

Q12 戦後、朝鮮人はなぜ祖国へ帰らなかったのですか？
朝鮮人の友人は「親父は祖国へ帰りたがった。でも、ボクには祖国がない」といいます。戦後すぐ、帰っていたらよかったと思うのですが。 64

Q13 日本に残った朝鮮人はどんなふうに扱われたんですか？
日本に残った朝鮮人も、最初は日本国籍を持っていたと聞きます。いつから外国人になったのですか。選挙権などはどのように扱われたのでしょうか。 68

Q14 韓国・朝鮮の祖国では在日同胞をどう考えているのですか？
税金はおなじにとりながら、選挙権もない状態はどこかおかしいと思います。韓国・朝鮮の祖国では日本のやり方をどう考えているのでしょうか。 73

Q15 入国管理法ってどんな法律なのですか？
朝鮮人の友人は「この国で生まれた者を、入国者として管理する国は日本だけだ」といいます。だとすれば、ちょっとひどいと思いますが。 78

Q16 難民（ボートピープル）ってどんな人たちのことですか？
ときどきテレビでボートピープルの日本漂着がニュースになります。気の毒に思うのですが、政府は追い返している様子。たすけてあげられないのですか。 83

プロブレム
Q&A

Q17 外国人登録と指紋押捺の歴史を知りたいんですが……

在日外国人は日本で生まれた人でも外国人登録をさせられ、ひどい扱いを受けていると聞きます。どうしてこんなことになったのでしょうか。

88

Q18 外国人にとって指紋廃止はなぜ喜べないんですか？

指紋押捺反対運動の成果で、定住外国人の押捺が廃止されました。ところが、除外された外国人ばかりか適用になった外国人も怒っているそうです。なぜですか。

93

Q19 新設された家族登録制とはなんですか？

指紋に代わって登場した家族登録にも反対する人がいるそうです。指紋の代用である以上、問題がありそうだとは推測できますが、なぜだかわかりません。

98

Q20 ニューカマーってどんな人たちのことですか？

在日コリアンは皆「在日」かと思っていたら、「私はニューカマーです」といわれました。「外国人労働者」という言葉もよく使われます。違いは何でしょう。

103

Q21 強制送還ってどんな手続きなんですか？

「強制送還」という言葉も、飛行機に乗せられるシーンも、どこかオドロオドロしく、悲しいものです。どうしてあんなことになるのかわかりません。

109

Q22 不法在留（残留）者の権利っていったいなんですか？

不法在留者を救う市民グループが増えています。手伝ってみようと思うのですが、いまひとつ踏み切れません。彼らの権利をどう考えたらいいのでしょうか。

115

Q23 国際結婚にはどんな手続きが必要なのでしょうか？

外国人と結婚した知人が身近にもいます。可能性は私にもあると思いますが、心得ておくべきことはなんでしょうか。結婚手続きについても教えてください。

121

Q24 国際結婚で子どもの戸籍・国籍はどうなるのでしょうか？

国際結婚に踏み切るにあたって、いちばん気掛かりなのは子どものことです。子どもには両国の良いところを受け継いでもらいたい。そう願っているのですが。

126

Q25 外国人が「帰化」したがらないのはなぜですか?

外国人はみんな帰化すればいいと思うのですが、どうして嫌がるのですか。帰化が許可されない人は仕方ありませんが、簡単に許可される人もいると聞きます。

132

Q26 帰化したら日本名に変わるって本当ですか?

ギターリストのクロード・チアリさんは帰化して「蔵人千有」となりましたが、だれもがこうはいきません。名前を変えずに帰化することはできないのですか。

137

Q27 いまでも続いている差別ってどんなものですか?

政府はいま、在日朝鮮・台湾人への恩給法の適用を検討中。まだそんな差別があったのかと驚いてしまいます。ほかにも改善が必要な差別はあるのでしょうか。

142

Q28 世界は本当にボーダーレスになっているのでしょうか?

いつか世界はひとつになり、国境がなくなると思います。その理想に一歩でも近づけたら、と思うのですが、世界の現状はどうなっているのでしょうか。

148

Q29 9・11事件以後、世界は変わったと聞きますが?

9・11同時多発テロ以降、テロ対策で日本も世界も大きく変わったと聞きます。世界がボーダフルになったと感じますが、その実態を教えてください。

153

Q30 朝鮮の南北統一は日本にどんな影響を与えますか?

朝鮮半島の統一が日本に与える影響は大きいと思います。私たちに身近な人間関係にも変化が起きると思いますが、国際結婚などはどうなるのでしょうか。

160

Q31 日本の少数民族や北方領土の人たちはどうなりますか?

国籍や民族を超えて、いろんな人たちと仲良くしたいと思っています。在日外国人、先住民、北方領土の人とも、です。領土のことより住民のことが知りたい。

166

Q32 日系外国人の「定住」化とはどんなことですか?

歌手のマルシアさんもそうですが、今、日系ブラジル人の日本への定住化が進んでいるようです。ほかの外国人と扱いがちがうようですが、どうなのでしょうか。

171

プロブレムQ&A

Q33 阪神淡路大震災で、在日外国人はどうなったのでしょうか？ 177
震災でいちばん苦しんでいるのは弱者だと聞きます。在日外国人も社会的弱者なので、さぞ大変だったろうと思います。何かできることはあるのでしょうか。

Q34 定住化に伴って、子どもたちの教育はどうなるのでしょうか？ 182
ニューカマーの定住化が進んで、子どもたちの教育が重要になっていると聞きます。多文化共生とはどんなもので、どうしていったらいいのでしょうか。

Q35 日本に駐留するアメリカ兵も在日外国人と呼べるのでしょうか？ 189
私たちの町で外国人といえば、アメリカ軍の兵士ばかり。広い家に住み、とても差別を受けているとは思えません。彼らをどう考えればいいのでしょうか。

Q36 〇九年、入管行政の大改悪が決まったそうですが？ 194
入管法・入管特例法・住民基本台帳法が改悪され、二〇一二年には入管行政の姿が根本的に変更されると聞きました。どこが問題なのでしょうか。

緊急報告

抗議声明 214

本文イラスト＝堀内朝彦
本文写真＝毎日新聞社／ほか

プロブレムQ&A

在日「外国人」読本　三訂増補版

Q1 「外人」と呼ぶと嫌がる外国人がいるのはなぜですか？

友人だと思っていた外国人に「外人」という言葉を使ったら、ひどく怒られました。理由を聞いてもよくわかりません。どうしてなのでしょうか。

〝鬼畜米英《きちくべいえい》〟との戦いに敗れ、屈辱を味わった人たちは、欧米人を蔑《さげす》む差別語《さべつご》として、よく「毛唐《けとう》」という言葉を使ったものです。しかし、この二十年、およそ耳にしたことはありません。世の変化につれて、差別語が自然消滅した例になればいいと思います（ヤンキー、アメ公なども死語になった）。

ところで「毛唐」とは元々、中国人を卑《いや》しんで呼ぶ言葉でした。それが戦争中、欧米人に対して使われるようになったのです。言葉が時代を映し出す鏡として、変化していくのがわかりますね。夷狄《いてき》、蝦夷《えみし》、南蛮《なんばん》なども、みんな異民族を卑める差別語でした。夷《えびす》、蝦《えび》、蛮《えびす》とも、人の姿や習俗の異様さを軽蔑を込めて名指す漢字で、差別語であることが明らかです。

では「外人《がいじん》」という言葉はどうなのでしょう。外という字がいけないのなら「外国《がいこく》人《じん》」という言葉も差別語になってしまいます。それでは「外国」のことを表現することもできなくなります。困ってしまいますね。

友人のアメリカ人はこう説明します。「ガイジンと聴くと〝害人〟を連想するからさ」と、これは彼独特の冗談で、「外人というと、よそ者だから出ていけ、というニュアンスが感じられる。外国人という場合は国はちがうが、とりあえずこの国にいる人同士。つきあっていきましょう、というイメージがある」という。むずかしいのです。「外人」と呼ばれて腹を立てる人は、日本に長く暮らしていて、言葉のデリケートなちがいを理解できる人に多い。貴重な人たちなのです。主張には耳を傾ける必要がありそうです。

よく考えてみると「外人」と「外国人」とはちがう。私たちは、朝鮮人や中国人など外見的に日本人と差のない人たちを「外人」とは呼びません。

人類学者の祖父江孝男《そふえたかお》さんはそこのところをこう言っています。「日本人は〝外国人〟と〝外人〟という言葉を、意識的、無意識的に区別して使っている。外人というときには欧米人、それもだいたい白人に限られている。それに対して韓国、朝鮮、中国、東南アジア、西アジアの人びとは、外国人と呼んで外人というイメージには入らない」。

西アジアの人たちに対して「外人」と呼ぶケースが多いのを知っていますが、やはりこの場合も外見的な遠さを示しているようです。とすると、この「外人」という言葉の中には、消滅しつつある「毛唐」という言葉が持っていたニュアンスが込められているのかもしれません。蔑視《べっし》とまではいかないにせよ、自分たちとは別な人種、よそ者というイメージです。

そう考えると、外という文字が強烈な力を持って甦ってきます。「外国人」の外は国に掛かっていて、外の意味は異と同義です。アウターではなく、アナザーなのです。ところが「外人」の外は〝内外〟の外、アナザーではなく、アウターなのです。

だから「外国人」といった場合には次に、では何国人なんだろう、という関心が働きますが、「外人」といった場合は「あっ、そう」と納得してしまって、意識の流れはそこでストップします。何国人であろうと、ひとまとめの「外人」なのです。

この国に長く暮らしている欧米人が「外人」と呼ばれることに不快感を抱くのは、このアウターとアナザーのちがいを敏感に感じ取るからでしょう。私たちがそんなふうに使い分けている覚えはないにしても、無意識に区別している以上、非難されても仕方ありません。「外人」と呼ぶのは避けるべきです。

また、この言葉を、外見によって使っているのだとすれば、それは大きなトラブルの元です。国際化した今日、日本人と外国人とを外見だけで区別することは不可能だからです。欧米系日本人を「外人」と呼んだとき、この言葉が持つ差別性がクッキリと現われます。外はまた、除外の外でもあるのです。

他人を内と外に分割し、異なった姿勢をとる、ということは世界中のどこにも見られる現象です。ひょっとしたら、人間の原始的・普遍的な認識方法のひとつで、避けられない現象なのかもしれません。

しかし、この態度が差別の源《みなもと》になっていることは確かです。より多くの認識方法を獲得することで、内と外との二分法を克服していくことが求められます。少なくとも、この二分法に安住し、強調することは紛争の種子をまくことになり、危険です。

ところで、日本人は内と外との二分法に従って物事を考える傾向が顕著です。身内意識というのがそれで、身内の中にあっては個としての単位さえ崩壊してしまって集団化しますが、外に対しては固いヨロイを脱ぎません。

この、内《うち》という考え方は「家《うち》」とか「氏《うじ》」に練り上げられて、この国の社会組織にまで育っています。「家」制度とか、氏の継承を軸とした血統意識《けっとういしき》がそれです。「家」制度や氏の継承ルールが大きな社会的差別を産み出しているのも、内と外との二分法を良きもの、正しきものとして評価し、強調してきた結果だ、ともいえます。

この点については、本書全体の中で、追い追い、明らかにしていくつもりです。

ここではまず、人びとの登録台帳《とうろくだいちょう》である戸籍《こせき》が日本人だけのもので、外国人を締め出している点だけを指摘しておきます。明治になって作られた戸籍は、排外主義《はいがいしゅぎ》を宣言してスタートしました。

もっとも、氏の継承ルールも異なり、「家」意識を持たない外国人が、戸籍制度に馴染《なじ》むのは困難です。日本人全体をひとつの「家《うち》」に組織したもの、それが戸籍制度なのです。この内と外との二分法は、日本という国の中に、ベルリンの壁よりも厚く、高く聳《そび》えているのです。この制度から見る限り「外国人」はすべて「外人」にほかなりません。

戸籍法前文

人民ノ各安康ヲ得テ其ノ生ヲ遂ル所以ノモノハ政府保護ノ庇蔭ニヨラサルハナシ去レハ其籍ヲ逃レ其ノ数ニ漏ルルモノハ其ノ保護ヲ受ケサル理ニテ自ラ国民ノ外タルニ近シ此レ人民戸籍ヲ納メサルヲ得サルノ儀ナリ

Q2 気軽に使っているけど「日本人」ってどんな人のこと？

「あなたはなぜ、日本人なのか」「日本人とはなんなのか」と問われると、うまく答えられないことに気づきました。これはいったいどうしてなのでしょう。

アメリカ人といったとき、白人、それもアングロ・サクソンを思い浮かべるとしたら、それはとんでもないまちがいです。アメリカは先住のインディアン（ネーティブ・アメリカン）の土地に、イギリス人やスペイン人が入植《にゅうしょく》して成立。その後も西欧・北欧各国の移民《いみん》や数百万人のアフリカ人奴隷《どれい》、中国や日本からの移民を吸収し、戦後は中南米や東南アジアの人びとを受け容れて成り立っている国です。出身国別にみればトップはドイツでイタリアが第二位、イギリス人は第三位に過ぎません。

日本人も本質的にはアメリカ人とおなじで、歴史的には北方の狩猟民《しゅりょうみん》と南方の漁撈民《ぎょろうみん》とが西日本で融合《ゆうごう》し、そこに中国や朝鮮から人が渡ってきて重なった人びとの相《そう》（まとまった姿形）。中にはポリネシアン・ニグロや小笠原《おがさわら》などに漁業基地を置いたコーカソイドの血も流れています。

ウラル・アルタイ語族のモンゴロイドと規定してしまうのは少々乱暴にすぎるのです。日本語も北方のツングース系をベースにしながらも、南方のミクロネシアの影響を強く受けています。

いまではすっかり日本に融合してしまった南方人のうち、隼人《はやと》や熊襲《くまそ》は有名なので聞いたことがあるでしょう。そこで、あまり知られていないツクマ族についてお話ししましょう。北九州の沿岸や周辺の島々で潜水漁を得意とした一族で、インドネシア系海洋種族だと考えられます（別に「ツ・クマ」は「The Men」で、西アジアの一族との説あり）。たくさんの小島をツクマの本拠地とし、これに九十九島という字を当てていたので、いまでも私たちは九十九をツクモと読んでいます。

ツクモはツクマのなまったもの。津久茂、津雲、筑摩、千曲はみんなツクマ族の名残りの地名・人名です。男女別々の竪穴住居《たてあなじゅうきょ》に暮らし、海女《あま》が生活の実権を握っていたようです。女酋長《おんなしゅうちょう》が多かったようで、ヤマトに抵抗して処刑された者も、鮑《あわび》を献上して服属した者もいます。

このようにアメリカ人と同様、日本人についても流れている血は複雑で、答えは出ません。少なくとも単一民族ではないのです。

この点、アメリカはすっきりしています。流れている血よりも、共に暮らしている土地を中心に人びとを考えようとしているからです。アメリカ人とは人種《じんしゅ》や民族《みんぞく》を表わす言葉ではありません。アメリカ国民、アメリカ合衆国国籍者《こくせきしゃ》（市民権取得者）を意味する言葉なのです。また、アメリカ国民（アメリカ国籍者）とはアメリカ合衆国の領土内で生まれた人間であることが基本です。

アメリカへの移民と人種構成

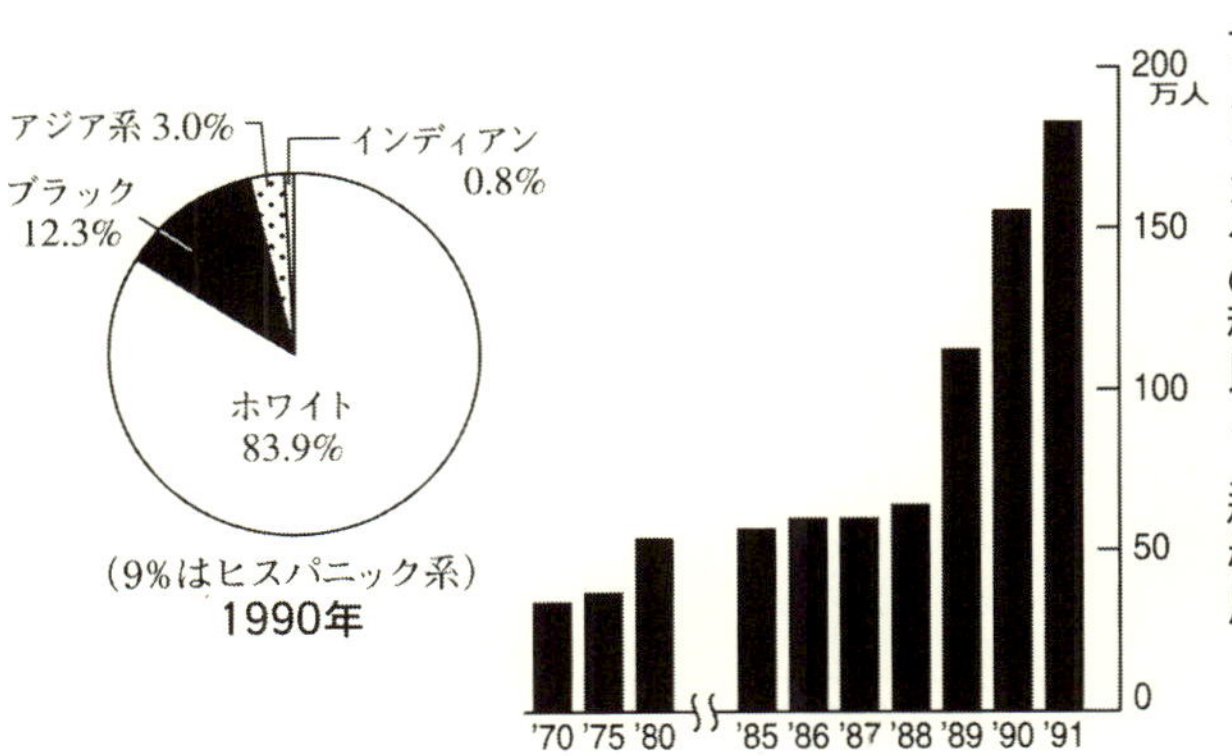

〔注〕米商務省調べ
（「朝日新聞」'92年8月31日付より）

一方、日本は土地よりも血を優先します。日本人とは日本人から生まれた者。人種や民族と絡んだまま、整理がつかない言葉なのです。でも、日本国民とか、日本国籍者という言葉は法的に定義が必要です。そこでむりやり定義づけられています。「原日本人」というのを決め、その子孫を「日本人」としているのです。

「原日本人」とは明治の初めに戸籍《こせき》制度ができたとき、そこに登録《とうろく》された者（登録されるべき者を含む）のこと。最初の戸籍はその人が日本人であるかどうかを問わず、長崎の出島や開港地の居留地《きゆうりゆうち》外国人を除き、すべての人を登録したのです。

その後も戸籍の登録方法が変わらなければ、日本も土地を重視した国になっていたことでしょう。しかし、戸籍はその後、新たに外国人を受け容れることをやめ（沖縄、アイヌは日本人として組み込んだ。例外は戦前の日本人男性の妻、現在の帰化《きか》者）、外国人は外国人登録の中に組み込まれることになります。

そして、日本人を父とする（現在は「父母」と改正）子だけを日本国民、日本国籍者とする国籍法が成立して、日本人と外国人との法的区分が確立するのです。だから日本が現在、土地よりも血を重視する国だからといって、日本人が血縁《けつえん》を辿ってはるか遠い昔から実在していたわけではありません。

そう考えるよりもむしろ、日本人は明治の原日本人から始まったと考えるほうがスッキリします。というのも、それ以前の人たちはもっと小さなグループの成員意識（その中には朝鮮や中国のサブ・グループであることを誇っていた人びともいる）を持ってはいても、「日本人」である、という意識は希薄であったからです。「日本人」である、という意識が生まれたのは「外国人」と直面した幕末以降のことなのです。

血統主義と生地主義

国籍の決め方は大きく二つに分類できます。日本のように自国民から生まれた子に国籍を与える方式を「血統主義《けっとうしゅぎ》」、アメリカのように自国で生まれた子に国籍を与える方式を「生地主義《せいち》」（属地主義）と呼んでいます。

日本や大陸ヨーロッパのような古い国は血統主義国籍法を持っていますし、アメリカやブラジルなどの移民国家は生地主義国籍法を採用しています。

しかし、血統主義では国内に国籍のない子や外国籍者を抱えてしまうため、多くの血統主義国が国内の子に自国籍を与えるために法律を改正し、いまでは「純粋血統主義」と呼ばれる国はほとんどありません。

日本も両親の国籍が不明な子（棄児《きじ》など）には日本国籍を与えていますが、親が外国籍であると判明している場合には認められません。子どもが無国籍状態に置かれてもおかまいなしに、純粋血統主義を貫いているのです。

国籍法の改正

二〇〇八年「父が認知すれば日本国籍を与えてよい」とする最高裁判決が出され、

血統主義の脅威

血統主義国籍法はことごとく父系血統でした。父母両系にすると大国の国籍がはびこって民族拡大主義に陥るからです。でも父系では女性に不利なため、国連の女性差別撤廃条約が成立すると、各国とも改正に悩みました。両系への改正を手放しで喜んだ日本は異様です。両系だった中国が東南アジアから民族拡大主義の非難を浴びて生地主義に変わったことを知らないのでしょうか。条約を受けて、ドイツも血統主義から生地主義への改正を断行しました。血統を重視する民族は、国際社会の脅威（血縁による侵略）なのです。

翌年一月、国籍法が改正されました。日本で生まれ、日本に暮らす子ならそれでいいのですが、外国育ちの子にも適用されると、途上国は経済的侵略に加えて、民族的侵略をこうむることになります（単身赴任の日本男子はこれまで以上に羽振りを利かせることになるでしょう）。改正国籍法を「人身売買促進法」として反対する議員もいると聞きます。この問題の解決は認知ではなく、生地主義の導入で図られるべきなのです。

外国人を締め出す戸籍

戸籍に登録した原日本人の子孫だけが日本人で、外国人は戸籍に入れない。この結果、戸籍は日本人であることを証明する国籍台帳としても利用されています。

しかし、日本人と外国人とを別々に登録するやり方は、白人と黒人を別々に登録した南アフリカのパス法を連想させます。差別台帳だといわれても仕方ありません。

パス法の本質は戸籍や外登と同じ

南アフリカ共和国のパス法は、白人と黒人とを別々に登録、黒人には指紋を押させ携帯を義務づけるもの。ガンジーはこれに抵抗し、追放されてからインドの解放闘争に立ち上がりました。

アパルトヘイトの象徴のような制度で、これが残る限り、黒人は闘いを止めない、といわれてきたものです。廃止されたのはようやく九一年になってのことです。

外国人の登録簿はなんでも「戸籍」と訳す日本の新聞が、ことパス法に関してだけは「人口登録法」と訳しているのが不思議です。差別台帳だという点でパス法こそ、日本の戸籍と外国人登録に近いのです。

Q3 国籍を捨てたい、と思っているのですが……

「日本人をやめたい、国籍を捨てたい」と思っているのですが、可能でしょうか。国境と国籍、国家と民族といったことについても教えてください。

古代エジプトでもインドでも、国の存在は紀元前から記録されています。国家という言葉も四書五経《ししょごきょう》のうち『易経《えききょう》』という書物に登場します。しかし、これらの国は寒天培地《かんてんばいち》に浮かんだコロニーのようなもので、勢力の盛衰に応じて拡大したり縮小したりするもの。国境《こっきょう》などというものは存在しませんでした。

地球上に国境線が引かれるのは十九世紀。ヨーロッパに国民国家が姿を現わしてから後のことです。国民国家とは領土《りょうど》と領民《りょうみん》を特定し、その上に排他的な権利《けんり》を行使する国家のこと。この排他的な権利を国家主権といいます。

国民国家は領民に主権を受け容れさせるため「国民」という考え方を注入しましたが、それをいっそう強力なものにするために「民族《みんぞく》」という考え方が発明されます。言語のほか宗教や慣習を共有する民族集団という考え方は、人びとの心を国家の下にまとめ上げるのに好都合だったのです。

民族という考え方は集団の文化的な個性・特性を際立たせるものですが、他方で民族内のさまざまな差異を圧《お》し潰し、標準化するものです（標準語と方言の関係を思い描いてください）。しかし、それでも標準化できない大きな差異が残ってしまうとき、その国は多民族国家の道を歩むことになります。

民族とはこうした現実の力関係の中から生み出されてきた人類の区分で、世界の歴史をつき動かす力を持ちながらも、きわめて人為的《じんいてき》に形成されてきた区分なのです。だからこれを、人類の作り出した巨大な幻想だという人もあります。

ともあれ十九世紀、国民国家の中から登場してきた民族という概念は、民族自決権《じけつけん》などという考え方を生みながら、民族主義、民族国家を形成しました。他方、多民族国家は民族を抱括する主権国家として、国家主義を謳《うた》いました。

明治の日本もヨーロッパの国民国家をモデルに国を作っていきました。北海道や沖縄など、考えるべき点は多いのですが、日本は国民国家になるための恵まれた条件を備えていました。国境線を引くまでもない国土、言語を共有する国民、単一だといいくるめやすい民族の相。国民国家はそのまま民族国家でもありました。

日本人が国民や民族、国籍《こくせき》を区別して考えるのが苦手《にがて》なのはそのためです。しかし、それらは本来、別々な概念なのです。アメリカ国籍の日系ブラジル人やドイツ国籍の朝鮮系ロシア人がいるように、私はたまたま在日する日本国籍の日系（民族）日本人（国民）にほかなりません。

日系であることは血統《けっとう》と民族の幻想で確定されます。日本国民であることは成長過程のアイデンティティー（文化の受容）によって決まります。これに対して在日していることや、日本国籍を所持していることは、その時点での生活実態や法的権利義務を反映したもので、変更可能な属性なのです。もちろん、日本国民であることも、日本民族であることも国民国家が作り出した幻想です。そう考えれば、私たちはそこから脱出可能です。私たちの生まれついての本性ではないのです。

日本国籍の捨て方

「私は私、日本人なんかやめたい」「ぼくは真の国際人（地球市民）、日本国籍は捨てられないのか」——そんな質問をうけることがよくあります。国民国家の行き詰まり、民族主義の限界が明らかになるにしたがって、こんな思いを抱く人が増えてくるにちがいありません。

「自分が日本人だ」というのは自己のアイデンティティーと、社会的な容認の問題。いつだってやめられます。かわりに「非国民」という名誉称号を手に入れることも可能です。

問題なのは国籍。憲法《けんぽう》二十二条には「何人も、外国に移住《いじゅう》し、又は国籍を離脱《りだつ》する自由を侵されない」とあります。国籍離脱の自由といわれるもので、これを文字どおり読めば日本国籍は捨てられることになります。

ところが国籍法は十三条で「外国の国籍を有する日本国民は、法務大臣に届け出る

検定不合格「地球市民」

文科省は教科書検定において「地球市民」という用語を認めていません。「存在しない言葉だ」というのがその理由です。人はみな国に帰属している、それを足場に国際交流が図れるのだ、というのがこの国の考え方なのです。

ことによって、日本の国籍を離脱することができる」としかいっていません。外国の国籍がなければ離脱は許されないのです。

法務省（徳永秀雄「改正　国籍と渉外戸籍」）は「日本国籍を離脱して無国籍となる場合でも離脱を許すときは、国家はその成員たる国民の多数を失う可能性があり、国家の存在自体を危くするおそれがある」といっています。ここには国民国家の怯えが顔を出しているようです。

国籍とはけっして恩恵《おんけい》ではない。国民国家が主権を揮《ふる》う対象なのです。徴兵《ちょうへい》を考えればわかりやすいでしょう。国籍を捨て、徴兵を逃れる人が大量に出たら、国家は危機に陥るわけです。国民国家の理屈としてはわからなくもありません。しかし、憲法は国家の理屈を謳っているものではなく、人びとの権利を定めているもの。法務省の実務は憲法に違反しています。

とはいえ現在、どこかの国籍を取らない限り、日本国籍を捨てられません。そこで考えられるのは国籍を捨てられる国の国籍を取ること。もしくは、外国のパスポートを手に入れ、外国人として入国し、日本人であることを忘れてしまう（国籍を放りっぱなしにしておく）こと。

外国人のふりをして生きてみる――そうしてみたら、日本人のままだったら見ることのできないさまざまな問題が見えてくるかもしれません。外国人の服装をして歩いてみても、小さな実験になるはずです。

Q4 「日本人はバナナだ」ってどういうことですか？

知りあいのアジア人から「日本人はバナナだ。アジア人の心はわからない」といわれました。こんなふうに言われないためにはどうしたらいいのでしょうか。

日本人は欧米系白人（コーカソイド）に対しては卑屈になり、アジア人（モンゴロイド）に対しては威圧的になる「二重の態度」を持っている、といわれます。そのため、法的・制度的差別《さべつ》状況はおなじでも、社会的・実態的にはまったく異なっており、白人が差別を受ける機会はずっと小さくなっています。

とりわけ、警察官の態度には落差が大きく、白人に対しては外国語を理解できない自分を卑下《ひげ》し、取調べに手心を加える一方で、アジア人に対しては一方的に日本語をしゃべりまくり、取調べが理解できない相手を無礼者《ぶれいもの》と考えて徹底的に追及することが多いようです。

白人の場合、時には日本人より優遇されることがあって、これを「逆差別だよ」と指摘する白人さえいます。一方、黒人は特殊視されているようです。一面的能力だけが崇拝されている。これも差別と偏見《へんけん》だと思います。

新しくやってきた東南アジアの人たちが、みんないちように目を丸くして驚くのは

日本人の「二重の態度」

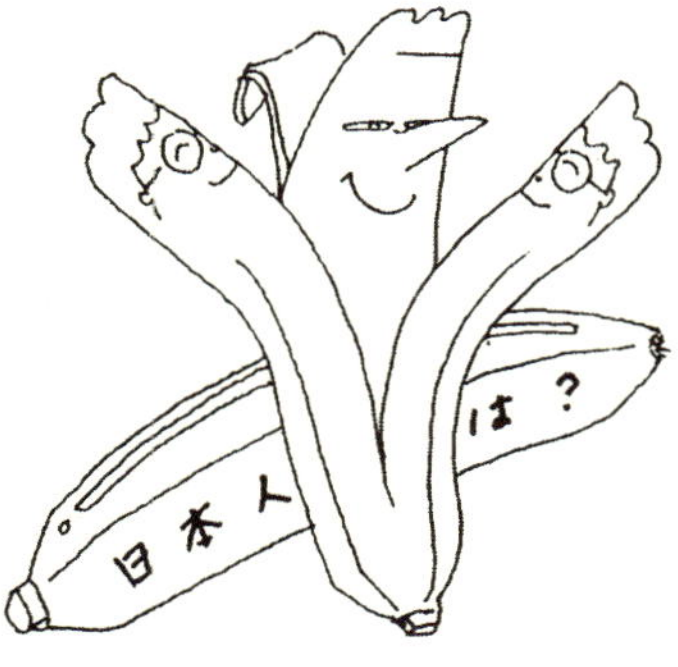

「日本人は人種が同じ人たちを差別する」ということでした。日本人が抱く民族主義《みんぞくしゅぎ》的《てき》な優越感と近親憎悪《きんしんぞうお》が理解できないのです。

日本人の「二重の態度」を説明するのによく使われるのが、明治政府の「脱亜入《だつあにゅう》欧《おう》」政策です。「遅れたアジアから脱出して、ヨーロッパ先進国の仲間入りを果たそう」というスローガンで、これがアジア侵略を進める中でアジア蔑視《べっし》を強めていった、というのです。

戦後の日本でも「欧米に負けない」「舶来品に負けない」といった形での白人信仰は強力で、人種差別の国・南アフリカが日本人を白人並みに扱うようになったことを「名誉白人」として誇っていました。有色人種《ゆうしょくじんしゅ》を差別する南アフリカのアパルトヘイト政策を非難する視点を持てなかったのです。

「日本人はバナナである」というのは、こうした日本人の心のありよう、態度を指す言葉です。皮は黄色（黄色人種）だが、中味は白い（白人の心を持つ）というのです。その裏には当然「白人になりたがっている、貧しい心を持った人たちだ」という意味あいがこめられています。

同じアジア人だということで日本に憧れ、親近感を抱いてやってきたアジアの人たちが、絶望して帰っていきます。そんなとき、だれかが最初にそういったのでしょう。「日本人はバナナだ」と。これは日本人にとって、とても悲しく、残念なことではないでしょうか。

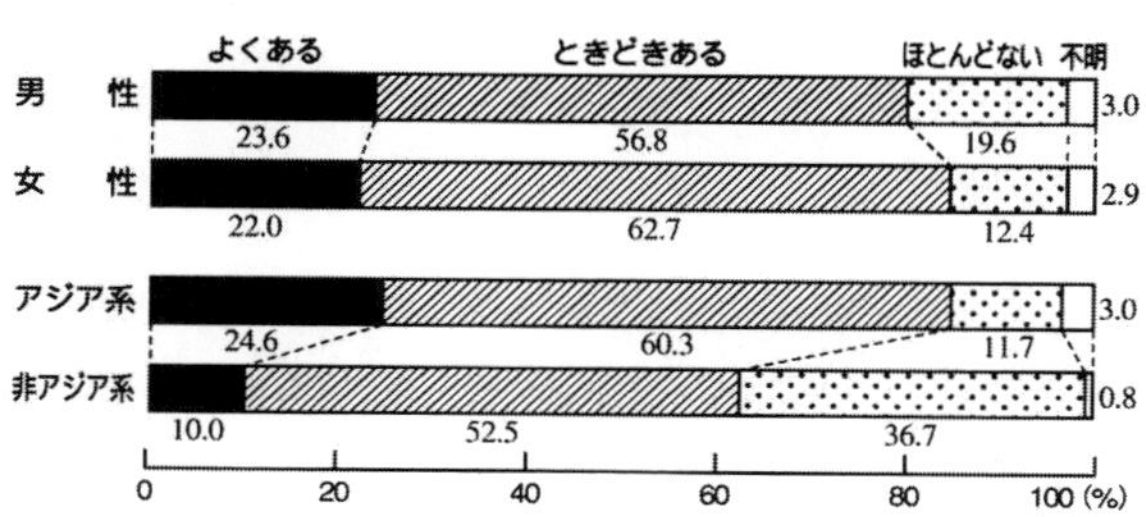

日本人による偏見・差別は、非アジア系（主に白人）に比べ、アジア系に対してのほうが際立って多くなっている。

〔注〕一九八九年暮、東京都新宿区が実施した外国人に対するアンケート（区内在住・在勤・在学二七〇〇人）調査より。

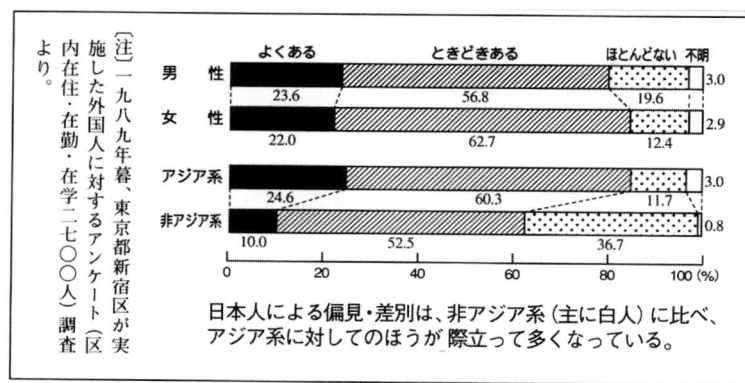

ひとは国家に帰属すべきか

　ところで、日本人の意識はあまりにも民族と同化しすぎているようです。しかも選択可能な帰属国（居住国）や国籍を個人の属性と化した民族意識から捉えるため、世界の常識から隔絶した発想をもっている人が少なくありません。日本人の常識は世界の非常識、この点を帰属国籍から考えて見ましょう。日本人は個人はだれも特定の（一個の）民族に属している、というのとおなじように、個人はだれも特定の国籍に帰属していると信じている人が多いのです。そのため、二重国籍者や多重国籍者を世界の例外と考え、厭《いと》うのです。できれば避けたい変人、不幸な人々だと考えたがるのです。

　しかし、第二次世界大戦以降の世界にそんな発想はありません。確かに第一次大戦以降「アルザス・ロレーヌ問題」を抱えたヨーロッパは国籍の考え方を整理し、個人と国との帰属関係を明確にしようとしました。一九三〇年に締結されたジュネーブ協定（国籍法抵触条約）がそれです。同条約は締約国に二つの原則を迫りました。国内に無国籍者を生まないこと、二重国籍者を避けること。つまり、ひとは必ずどこか一国に帰属すべきだという原則です。

　「アルザス・ロレーヌ問題」とは普仏戦争に勝利したドイツ（当時はプロシャ）が仏領ロレーヌ地方をアルザス地方として併合。この関係が第一次大戦では逆転し、ドイ

国籍法抵触条約

　一九三〇年に結ばれた『国籍法の抵触に関連するある種の問題に関する条約（国籍法抵触条約）』は『二重国籍の場合における軍事的義務に関する議定書』と『無国籍のある場合に関する議定書』を含んでいます。一人一国籍を目指した国際条約ですが、当時のヨーロッパのためのもので、日本やアメリカは署名はしていますが批准はしていません。

ツ人が大量に入植したアルザス地方をフランスに組み込んだことから発生した問題です。独仏は次の戦争を予感していたのです。そのとき、この地方の居住者の帰属（特に徴兵）を決めておかないと混乱が起きる。それを恐れたのです。つまりひとり単一国籍主義は戦争遂行のためのシフトだったのです。居住者の人権（居住者にとっては無国籍、あるいは重国籍のほうが生きやすかったと推測できる）とは無縁な国家の都合によって生み出された原則だったのです。

崩れた単一国籍の原則

ナチス・ドイツはポーランドやオーストリアを占領する際、両国の国籍を無視し、ドイツ国籍を強制しました（日本が台湾や朝鮮でやったこととおなじです）。しかし戦後、両国が主権を回復すると、ドイツ国籍を奪うのではなく選択することを認めました（一方的に奪った日本とは決定的にちがう）。また、離散などで選択ができない場合の猶予措置として、重国籍状態を認めました。この措置は居住者の人権を思うポーランドやオーストリアにも歓迎されます。国家にとってではなく個人にとって国籍選択の自由や重国籍状態の維持のほうが大事だからです。人権に反するジュネーブ協定は無視されていくのです。

その後、アジアで植民地解放闘争が起こります。次々に独立するアジアの国々に、旧宗主国であるイギリスやフランスは、自国籍を一方的に奪う措置は取れませんでした。選択制を設け、重国籍のままでいることをも認めていきます。イギリスにインド出身者が、フランスにアルジェリア出身者が多いのも（敗戦国ドイツとトルコ、イタリアとチュニジアの関係も同様です）、このことと深く繋がっています。

植民地解放闘争はその後、中南米からアフリカに拡大します。中南米の宗主国であったスペインとポルトガルは「イベリア・アメリカ共同体」を発案します。イベリアとはスペイン・ポルトガルの二国。アメリカとは中南米に広がっていた両国の旧植民地を意味します（ここにはスペインの植民地であったフィリピンも加わっています）。この共同体は国籍の相互持合いを考案したのです。

おかしさが目立つ日本人

日本は国籍の原理を定めたジュネーブ協定を批准していません（アメリカも批准していない）ので、さながらヨーロッパ協定のようなものです。にもかかわらず日本は単一国籍主義を世界秩序の大原則のように主張（他国ができないのは戸籍のような管理システムを持っていないからだ、とまで言っています）。反面で、国内で生まれた子の国籍付与を厳しく制限するため、国籍のない子が大量に出現しています。これがジュネーブ協定に反する措置であることはいうまでもありません。

日本政府のこのやり方は国家の都合で人々を切り分ける戦争シフトです。人権を無視しても日朝間の交戦に備えよう（日朝、日韓間の重国籍を認めないという国家意思は「い

「イベリア・アメリカ共同体」
共同体加盟国は相互に加盟国国籍を保有する（ただし、居住国法規に従い、対外的には居住国国籍者とみなされる）、というもので、単一国籍を完全に否定したのです。加盟国は毎年持ち回りで人権会議を開催しており、人権のためには、世界平和のためには、世界中が「イベリア・アメリカ共同体」に加わるべきだ、というメッセージを発信するようになっています。

ざというとき、どちらの鉄砲を担ぐか」という言葉に集約されます）というシフトなのです。こうした戦争シフトに疑問を持たない日本人、これはもう平和シフトを追求した第二次世界大戦以降の世界の常識とはかけ離れてしまっています。日本人はおかしい、と、そういわれても仕方がないのです。

国際条約はないが、重国籍を避けようとする国際的な共通認識はもうありません。アメリカの有能な外交官であったキッシンジャーはアメリカとイスラエルの重国籍者でした。アメリカの政府高官には重国籍者が少なくありません。オバマ大統領にしても、父系で辿ればケニヤ人ですが、選挙中に政敵から出自を問題視されたことはありません。日本だったらどうだろう。そう考えてみる必要がありそうです。

Q5 日本の少数民族はどのようになっているのですか？

私は自分の姓が嫌いです。昔は日本にも氏のない人たちがいたと聞きますが、その人たちはどうしてしまったのでしょう。少数民族のその後が気になります。

明治政府は、後に〝日本式〟と呼ばれる氏名を持たせ、戸籍《こせき》に登録《とうろく》させることで、日本に暮らす人びとを「日本人」に仕立て上げました。その人が何人《なにじん》であってもお構いなしに、日本式の氏名を名乗り、戸籍に登録すればいい。これが「原日本人」です。

しかし、日本式の氏名というものは江戸時代の日本の慣習ではなく、政府役人の頭の中で考えられたもの。そのため、日本式の氏名を嫌《いや》がった人たちもいました。その代表的な例が「出家《しゅつけ》」をした僧侶たちでしょう。

僧侶たちは世俗的な「家」から出て、仏門に入ることを名誉と考えていたため、「家」のレッテルである姓氏《せいし》を捨てました。隠元《いんげん》とか良寛《りょうかん》とかでわかるように、名前だけの存在だったのです。

政府は僧侶にも強制的に氏《うぢ》を名乗らせ、人びとを「家」の中に閉じ込めました。戸籍に登録するということはまた、氏という表札を掲げた「家」の中に閉じ込めることでもあったのです。明治政府が庶民に苗字《みょうじ》を名乗ることを強要したのも同じことで、人びとを「家」に閉じ込めて管理するのが狙いだったわけです。
ところで、明治政府は新しい問題に直面しました。それまでの日本とは異なった生活習慣を持つ琉球《りゅうきゅう》とアイヌの人たちの扱いです。琉球には日本と中国の姓氏《せいし》文化をミックスした独特の姓氏文化がありましたし、アイヌ・ウタリは姓氏を持たない名だけの民族だったからです。

一八八六（明治十九）年、政府は琉球にも戸籍制度を適用。琉球の人たちを一人ひとり役場へ呼びつけて、日本式の氏名を強制しました。アイヌ・ウタリに対しては明治政府の支配権が確立した南北海道から順に戸籍を作っていき、一八八六年までに北海道全域の戸籍登録が完了しました。ここでも日本式の氏名が強制されたのです。

以後、明治政府は日本式の氏名を強制し、戸籍に入れることを「日本人」の要件だと考えるようになります。日本人の氏は天皇家の分家《ぶんけ》を表わすレッテルなので、氏を先祖に遡ると天皇家の先祖である天照大神《アマテラスオオミカミ》に辿りつくのだ、と考えるようになります。

この血統《けっとう》を中心とした民族団《みんぞくだん》・日本は、血統の異なる少数民族と対立し、少数民族を排除する結果をもたらします。ところが、「民族の生活習慣、伝統を捨てて日本式の氏を名乗った者はとりあえず天皇家の分家のひとつ、天皇の子孫の一員に加えてやろう」という発想がこの対立を超えるために利用されます。この、日本式の氏という踏み絵を踏ませることで少数民族を日本民族に同化《どうか》させよう、という発想です。

登録序列

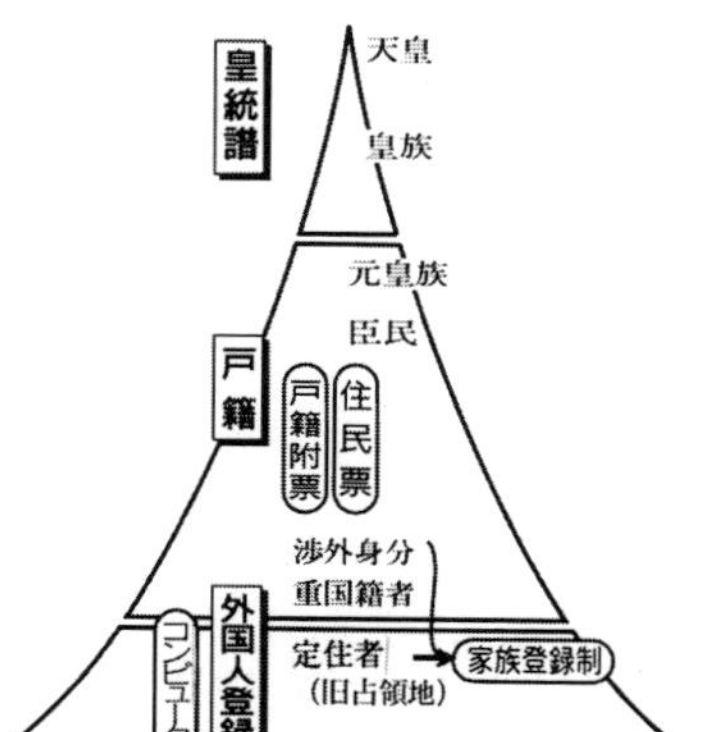

これはまた、ひるがえって日本式の氏を名乗って戸籍に登録された者は、天皇の子孫に擬制され、日本民族とみなされるので、日本には少数民族は存在しえないのだ、という理屈を生みます。同化を拒否する少数民族は日本人ではない、という意味でもあります。

沖縄にも北海道にも、日本式の氏を快く思わない人びとがいました。それでも政府は戸籍支配を進め、人びとに氏を強制。日常的に日本式の氏名を使うよう、警察官や学校教師を動員しました。町内会や軍隊もこれに呼応。やがては氏名ばかりか生活慣習（言語・宗教など）までが日本式に変えられていきました。

ところで、日露戦争に勝利した日本は、再び少数民族の問題に直面します。それが南カラフトに住む少数民族の処遇です。南カラフトには樺太《からふと》アイヌのほか、ツングース系の北方狩猟《しゅりょう》民族であるニブヒやウィルタなど、一〇を超える少数民族が存在していたのです。しかも、彼らの生活習慣は日本のそれとはあまりにも異なっていました。

日本式氏《うぢ》によって戸籍に登録するためには生活の拠点たりうる本籍地と、そこで展開される家族関係の存在が前提になります。人びとを「家」に閉じ込めて管理するためには「家」あるいは「家」に似た定住《ていじゅう》家族が必要なのです。定住家族があれば、これに氏を強制することで天皇家の分家だとする擬制が可能です。天照大神《アマテラスオオミカミ》以来の「家」の神話《しんわ》を共有させることが可能です。しかし、定住生活、家族生活を営んでい

手本は高砂族

カラフトの少数民族に対して日本の役人はよく台湾の高地民族・高砂族（日本の統治時代の用語。現在では台湾原住民族と呼んでいる）を引き合いにしたそうです。彼らが従軍する写真を見せ、「おまえらも早くこうなれ」としたのです。

氏の振り仮名

「氏」とは「内」「家」が変化して生まれた言葉なので、かつては「うぢ」と表記されていました。現在は「うじ」と振るのが一般的です。

ない人びとを、琉球やアイヌとおなじ方法で同化するのはむずかしいのです。

日本政府は考えあぐねた結果、非定住の狩猟民族を定住化させようと試みました。それが「土人《どじん》の都・オタスの杜《もり》」（観光用にこう宣伝され、熊祭りが目玉にされた）です。少数民族が現ポロナイスク近郊のシスカに集められ、観光部落を組織させられたのです。

これは日本人になるためのテストで、拒む者は北カラフトに追い立てようと考えていました。だから、彼らは日本式氏名を名乗らされながらも戸籍に登録されることはありませんでした。戸籍とは別の「カラフト土人家数人別御改調」に登録され、「日本人」とは区別して扱われたのです。

そして「がんばれば日本人になれるぞ」という役人の言葉を信じて戦争に協力、ソ連と闘ったのです。南カラフトがソ連に占領され、彼らの多くは戦争協力者としてシベリアへ送られました。しかし日本政府は、彼らは「日本人」ではなく、日本兵でもない、として戦後の援護《えんご》を怠りました。

シベリアから日本に〝帰還《きかん》〟した彼らは、改めて戸籍に就籍《しゅうせき》し、初めて「日本人」になっています。しかし、こうした少数民族の存在を、日本は現在でもまったくといっていいほど無視しています。

対ソ戦を闘ったウィルタ人の戦後

オタスで生まれたウィルタ人のゲンダーヌさんは北川源太郎という日本名で育ち、対ソ連戦に参戦させられました。

シベリアの収容所に入れられ、やっとの思いで日本に帰ってみたら「おまえは日本人ではないから恩給はやれない」といわれたのです。

彼は以来二〇年近い運動を続け、軍人恩給を手にしています。しかし日本のやり方に反発して、北川源太郎の名を捨てました。部族の支族名であるダーヘニーニを姓として、ゲンダーヌを生きようとしています。

Q6 少数民族の「同化」はホントに成功したのですか？

日本にもちがった文化を持った先住民がいるとすれば貴重です。ぜひ、その文化に触れてみたい。「同化」されずに、いまも生活しているのでしょうか。

「同化《どうか》」というのは「日本人」と同じになる、ということ。だから、もし「同化」が成功していれば少数民族《しょうすうみんぞく》問題は存在しないはずです。成功していないからこそ、問題が続いているのであり、成功してしまってはならないから国際的な人権《じんけん》問題になっているのです。それをアイヌ問題から検証してみましょう。

明治政府は一八六九（明治二）年、アイヌ・モシリ（蝦夷《えぞ》が島《しま》）に開拓使《かいたくし》を置き「北海道」と呼びました。アイヌ本島を日本の「北」と位置づけ、日本の辺境《へんきょう》に組み込もうとしたわけです。

また、一八七七年の「地券発行条例」で全道の山林原野を奪い取り、九九年の「旧土人保護法」によって一部をアイヌ人に給与。開墾《かいこん》しないと没収する、というやり方で非定住《ひていじゅう》の狩猟・採集、漁撈（主に川沿いに鮭を追う）生活を破壊して、定住農耕生活を強制しました。この「旧土人保護法」の制定理由は「旧土人の皇化《こうか》」。つまりはアイヌ人を皇民（日本人）に「同化」させることを狙ったものです。

アイヌ文化振興法の意味

一九九七年五月、旧土人保護法が廃止され「アイヌ文化の振興並びにアイヌの伝統等に関する知識の普及及び啓発に関する法律（アイヌ文化振興法）」が制定（七月施行）されました。アイヌ民族を小数民族と公認し、単一民族国家の幻想を放棄したものですが、アイヌを北海道の先住民族として認定せず、旧法が奪った土地、その他の権利回復の問題をうやむやにしています。

政府はアイヌ人に日本式の氏名を押しつけ、戸籍《こせき》に登録《とうろく》しながらも、なお皇化が不十分だとして日本人の戸籍簿とは別帳のままに留め置きました。これが統合され、民族混合の戸籍簿になるのは日本の敗戦以後のことです。

この間、アイヌ人に対する同化攻撃はすさまじく、言語・宗教などの独自文化は教育や宗教政策の中で破壊されていきます。戦後の民主化も本質的には同様で、学校教育を平等に受けさせる運動などを通して、日本人としての教育が進みます。混合戸籍簿の登場も、同化政策の完成を意味するものだったのです。

日本政府は一九七九年「種族的、宗教的又は言語的少数民族が存在する国」における「少数民族の保護」をとり決めた「国連《こくれん》人権規約」を批推。しかし「この規約に規定する意味での少数民族は存在しない」と言い切りました。

「日本では同化が成功している」と胸を張ったつもりなのでしょう。しかし、同化が成功したということは少数民族を圧殺《あっさつ》したということ。世界に恥ずべき宣言なのです。

しかし現実には、北海道だけでも二万四〇〇〇人のアイヌ人が生活し、わずかながらも独自の宗教・言語を伝えています。また、血統《けつとう》によって天照大神《アマテラスオオミカミ》の子孫に連なり、皇民であることを擬制《ぎせい》する「家」と戸籍の制度は、それ自身が持つ血統中心の仕組みのために、擬制の痕跡《こんせき》を残さざるを得ません。戸籍に記載されている「旧土人給与地」などの文字は、アイヌ人への烙印《らくいん》として機能しています。

一九六四年、行政管理庁が「旧土人保護法」の廃止を勧告。北海道ウタリ協会も、

アイヌ民族に関する法律

アイヌ民族に関する法律案（アイヌ新法）が北海道ウタリ協会でまとめられたのは一九八四年。八九年には総理府にも検討委員会が設置されたが、なかなか陽の目を見なかった。九七年、アイヌ民族初の国会議員・萱野茂が中心になって制定に漕ぎつけたのがアイヌ文化振興法（アイヌ新法）。同時に旧土人保護法は廃止されました。が、振興法がカバーするのは文化面だけで、先住民族規定など、民族に対する政治的経済的保障は取りこぼされ、協会が要求したアイヌ新法とは異なるものでした。付帯決議に盛られた先住民規定が承認されるのは二〇〇八年のこと（一六九頁下欄参照）です。

これに代わる「アイヌ民族に関する法律」（アイヌ新法）の制定を要求。世界の少数民族（先住民《せんじゅうみん》）と手を携えながら、強力な運動を展開しました。奪われた土地の返還や、宗教・言語などの回復・保護など民族としての権利回復を要求し始めたのです。

「同化」とは一民族が他民族を取り込んでしまうことで、その民族文化を圧殺してしまうこと。世界はもう、こうした政策を許しはしません。民族のルツボと呼ばれたアメリカは「メルティング・ポット」政策を実行し、民族文化の融合《ゆうごう》を目指しました。各文化を混ぜ合わせてひとつにする、というこの政策と、同化政策とは大いにちがいます。しかしそれでも少数民族の文化は消滅の危機に立たされます。アメリカが辿りついた現在の政策を「サラダボウル」政策といいます。各文化の融合ではなく盛り合わせ。諸民族の共存《きょうぞん》、諸文化の併存《へいぞん》です。一九九一年、日本政府はやっとアイヌが国連人権規約で保護の対象となる少数民族であることを認めました。一連の同化政策は失敗に終わったし、もう二度と同化を目指してはならないということです。

いや、それ以上に、アイヌの独自文化を保護するための積極的な対策を打ち出さなければならないということです。この点で、日本政府は目に見える対策をなにも打ち出してはいないのが現状です。

韓国・朝鮮人も日本の少数民族

日本政府は六〇万人の在日韓国・朝鮮人を抱えながら、朝鮮の独自文化を保護しようとはしていません。「彼らは外国人であって、国内に抱える少数民族ではない」というのが政府の言い分です。

日本で生まれ、日本で暮らし、将来も日本に留まるであろう人びとを、外国人旅行者と同様に扱う日本政府の考え方が世界に通用するとは思えません。

また、日本に帰化《きか》したり、日本人との間に生まれた韓国・朝鮮の人たちは、日本政府の理屈で日本式の氏名と戸籍が強制され、「日本人」に同化されようとしています。しかし、この考え方も民族と国籍とを混同したもので、世界に通じるものではありません。日本国籍を選んだ者は日本民族（皇民）になりすまし、本来の民族性を捨てるべきだ、などという考え方は世界の人権に挑戦する悪しき民族主義の典型です。

樺太のニブヒをロシアが認めた

一九九〇年、ロシアのサハリン州は先住少数民族・ニブヒに対して、約一三〇平方キロメートルの土地を返還しました。七万七〇〇〇平方キロメートルの広大なサハリンを縦横に活動していたニブヒにとって、色丹《しこたん》島の半分程度の土地は雀の涙にほかなりません。

それでも、先住民に対する土地の返還が行なわれたということは、ニブヒにとって大きな光明です。日本が占領を続けていたら、こうしたことが実現したかどうか。同化一本ヤリだった日本では考えられないことです。

日本で生活するいろいろな民族

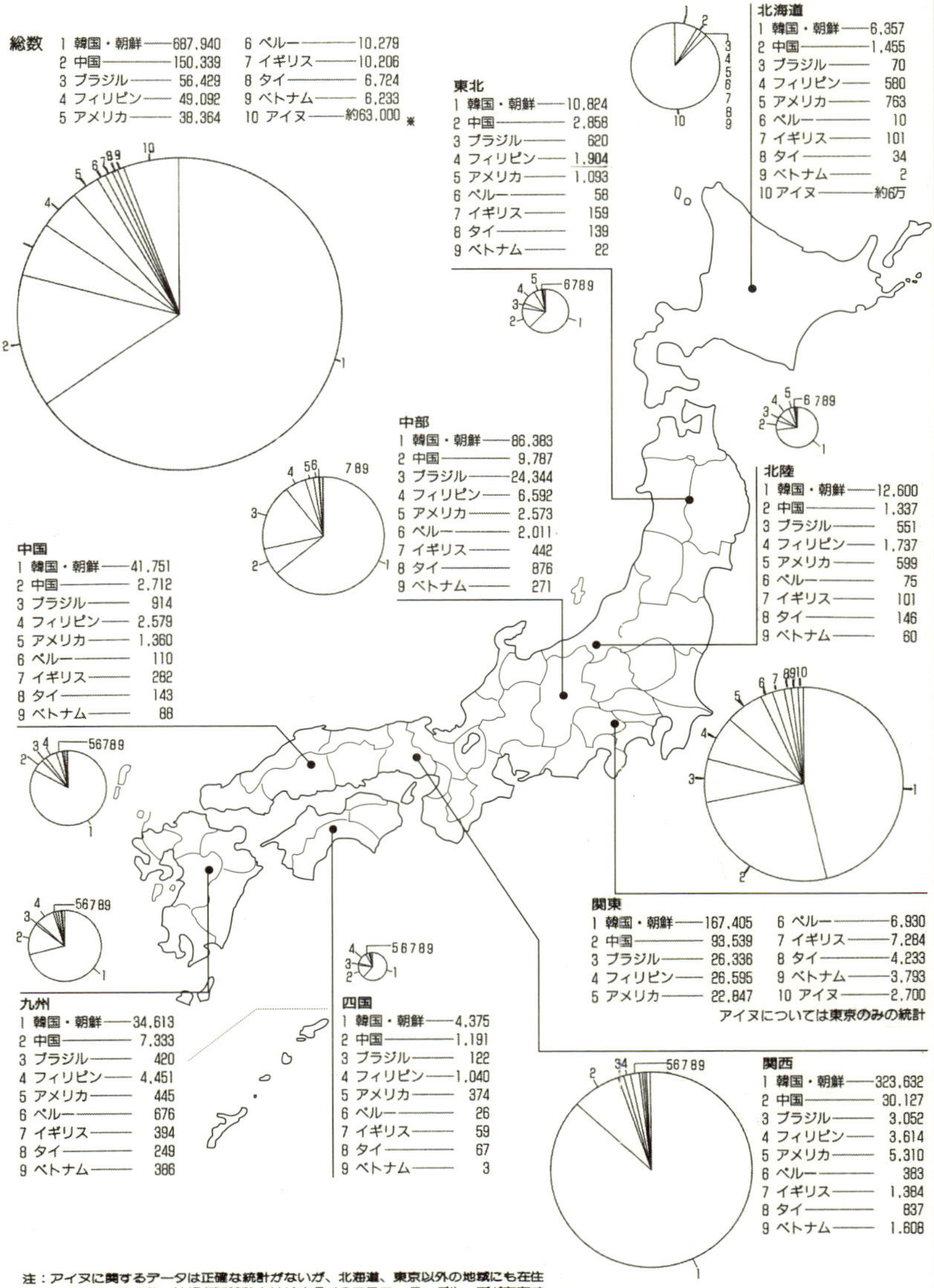

注：アイヌに関するデータは正確な統計がないが、北海道、東京以外の地域にも在住している。その他、沖縄(琉球弧)をはじめ多くのエスニック・グループが存在するが、統計的に把握されていないのでこのグラフには表現されていない。尚、沖縄県の人口は'91年現在1,241,387人。

：(財)入管協会「平成3年版在留外国人統計」「世界の少数民族を知る事典」明石書店(1991)より作成

(『季刊オルタ』1992年6月号より転載)

Q7 「同化」と「皇民化」とはどこがちがうのですか？

戦前、すべての国民は天皇の赤子として平等だったといわれます。でも、戦後はその天皇が差別の根源だった、ともいわれます。どっちが本当なのでしょう。

「同化《どうか》」とは日本式の氏名を名乗って、戸籍《こせき》に登録《とうろく》されることで、天皇を頂点とする民族団《みんぞくだん》の一員（人びとは戸籍で「家」に束ねられ、「家」は氏《うぢ》によって家団を形成し、家団は天皇を戴いて民族団を構成する——という神話《しんわ》・幻想の受け容れ）となること。つまりは天皇の臣民《しんみん》（赤子《せきし》）となることを意味しています。天皇の臣民とは皇民《こうみん》のことですから「同化」はまた「皇化」とも「皇民化」ともいわれます。

ただ、血統《けつとう》によって天皇に連なるという神話を受け容れ、それと装わせるのは日本人でも困難なことです。源氏《げんじ》や平氏《へいし》の一族のように天皇家の分家《ぶんけ》である場合は簡単です。が、物部《もののべ》や橘《たちばな》など、明らかに別系統の一族をどうするか。そこで登場するのが神《ジン》武《ム》天皇よりも古い、神話世代の天皇です。祖先が天照大神《アマテラスオオミカミ》であるのは共通で、その後、神話世代に分家した、と考えるのです。

また、秦《はた》氏や弓月《ゆづき》氏など、大和民族《やまとみんぞく》ではないことが明らかな一族は、天皇より授った日本式の氏を名乗ることで「皇化に浴した」ととらえ、大和民族の一員に擬制《ぎせい》しま

「臣民」の発明

「臣民」という言葉は明治の日本政府が発明したものです。中国では「臣（王と契約関係にある臣下）」と「民（王とも対等な自由民）」はまったく異なる言葉で、連結されることなどありえません。これを連結することで、王と契約関係にない者をも臣下扱いにしてしまう。「臣民」とは国家にとって極めて都合のいい言葉なのです。

す。

これら、三つの氏グループを、奈良時代に編まれた『新撰姓氏録《しんせんしょうじろく》』はそれぞれ「皇別《こうべつ》」「神別《しんべつ》」「諸蕃《しょばん》」と分類しています。この発想が明治になって天皇制「家」イデオロギーになったのです。

だから異民族を「皇民化」するには、この擬制が絶対に必要でした。日本国籍の付《ふ》与《よ》や日本法の適用、日本語の強制だけでは足りないのです。

「八紘一宇《はっこういちう》」という言葉をご存知でしょうか。日本がアジアを侵略《しんりゃく》するときのスローガンで、「世界はひとつの家である」という意味です。「世界を家となす」という意味の「八紘為宇《いう》」という言葉も使われました。

日本は台湾・朝鮮を占領すると、日本民族への直接的な同化を断念し、台湾・朝鮮それぞれを一個の民族団と考えました。そして、それぞれの民族団も祖先はひとつ、という「日朝同祖論」や「五族協和論」を持ち出し、その上に天照大神《アマテラスオオミカミ》を据えようと企てたのです。これをアジアに拡大して、大東亜共栄圏《だいとうあきょうえいけん》に及ぼしたとき、八紘一宇は完成するはずだったのです。

天皇はアジア諸民族の父（天照大神《アマテラスオオミカミ》は母）、日本民族と朝鮮民族は兄弟で、日本が兄、朝鮮が弟というわけです。そして、この幻想を「皇民化」政策として、現実の支配制度の中に持ち込みました。つまり「皇民」への同化を日本民族への同化のステップとしたのです。

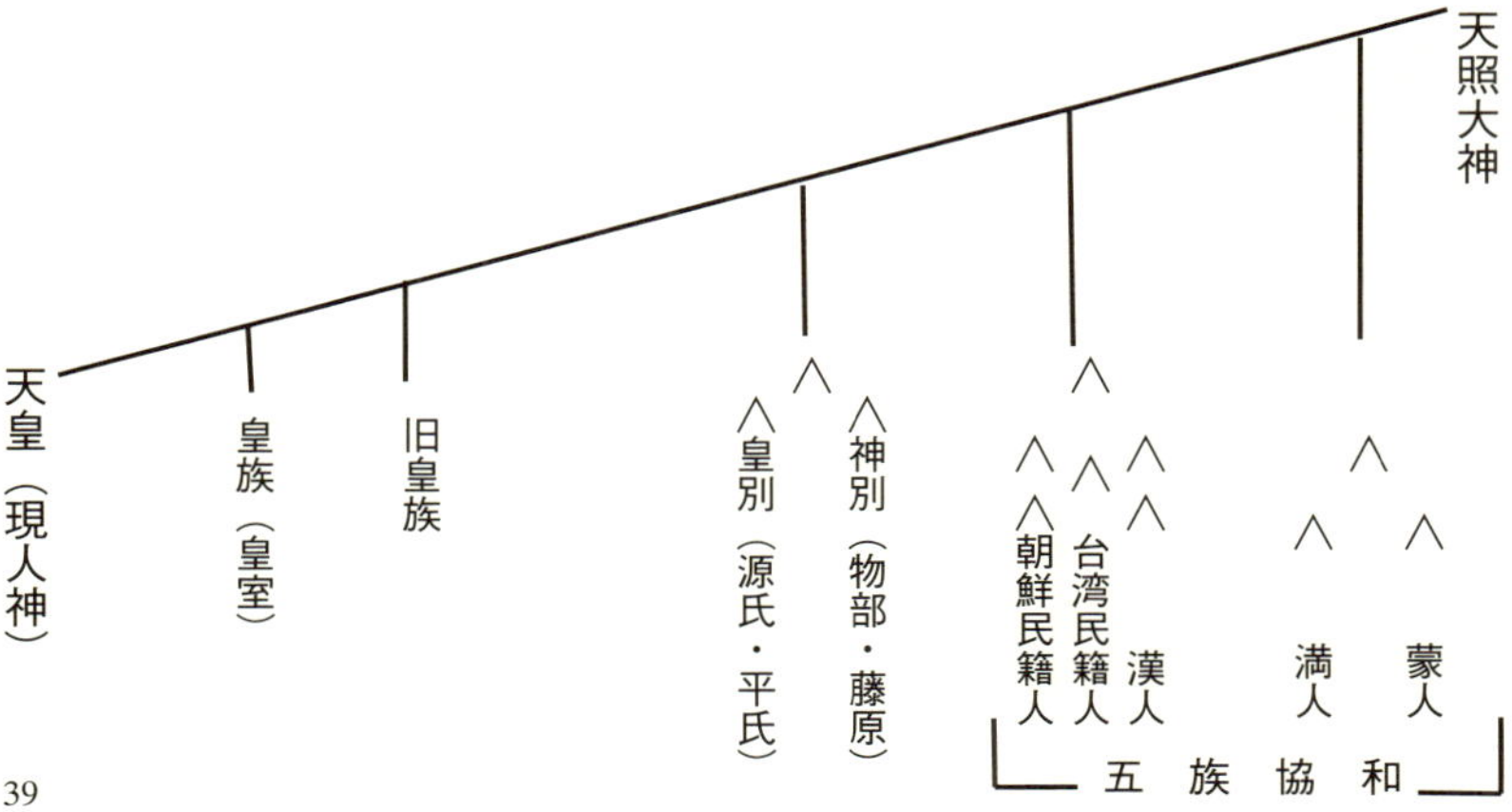

それが、日本式の氏名の強制（創氏改名《そうしかいめい》）、戸籍への登録と戸籍の統一、神社参拝と宮城遙拝《きゅうじょうようはい》だったのです。家々の祭壇《さいだん》に天照大神《アマテラスオオミカミ》を祀《まつ》らせた理由もこれ。天照大神が日本成立（国生み）以前の天上界《てんじょうかい》（高天原《たかまがはら》）の主神とされていたため、アジアの共通の神とするのに好都合だと考えたわけです。

天皇制イデオロギーの根幹は〝家〟

日本人は「家」の先祖を「氏神《うじがみ》さま」として敬《うやま》わなければいけない。その先祖の大先祖が天照大神《アマテラスオオミカミ》で、これは天皇家の大先祖でもあるので伊勢神宮に祀っている。また分家した家々の祖先神もそれぞれの神社（藤原家《ふじわらけ》は鹿島神宮）に祀っている。人びとは神社参拝を通して、それぞれの祖先神や天照大神《アマテラスオオミカミ》を崇《あが》めなければならない。と同時に、天照大神《アマテラスオオミカミ》の威光を継承する大本家である皇室《こうしつ》を尊《たっと》び、家長《かちょう》である天皇を崇拝《すうはい》しなければならない。

これが国家神道《こっかしんとう》の核心で、天皇制イデオロギーの根幹をなすものでした。台湾や朝鮮にも儒教《じゅきょう》的な祖先崇拝は存在したのですが、それぞれの「家」はどこまでもそれぞれの「家」。分家して姓を変える習慣もありません。このままでは天皇家の分家である、という血縁《けつえん》の擬制は成り立たないのです。

家々の神棚《かみだな》に天照大神《アマテラスオオミカミ》を祀らせ、創氏改名を強行したのは、なんとかこの擬制を受け容れさせたかったからにほかなりません。

日本の家族国家観

ひと昔前まで、庶民の家は天皇の分家だと考えられてきました。源氏や平氏はたしかにそうです。しかし藤原など、明らかにちがう一派は、遠い神話時代に分家し、天照を同祖としている、と考えます。

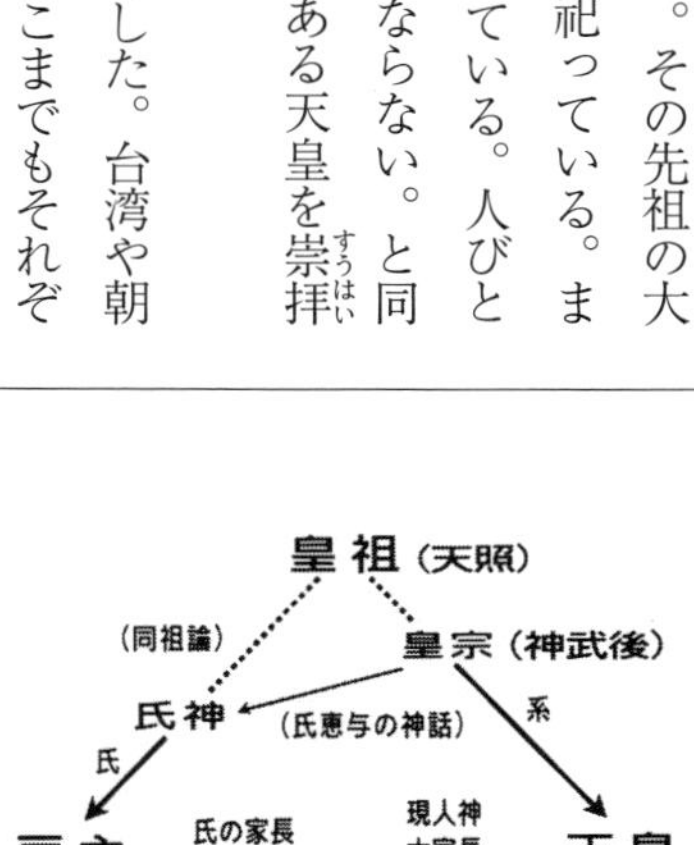

また、帰化者などは天皇から氏を恵与されることで、天皇家の分家とみなされます。これが創氏改名で、

「民籍」とは民族規模の〝家〟

日本は台湾にも朝鮮にも戸籍を作らせました。ただし、日本の戸籍法を適用したのではなく、それぞれの地に別の戸籍法を制定したのです。そしてお互いの転籍《てんせき》（本籍を移すこと）を禁じたので、国籍《こくせき》はおなじ日本でありながらも、それぞれの民族が混ざりあうことはありませんでした（ただし、父系で辿った民族です）。

戸籍は民族ごとに束ねられて台湾の民族籍、朝鮮の民族籍となりました。これを「民籍《みんせき》」と呼んでいます。人びとは戸籍と国籍、さらにはその中間形態である民籍にも所属させられたのです。

民籍と民籍の関係は戸籍と戸籍の関係とおなじで、「家」と「家」との関係です。一九一八（大正七）年に施行された「共通法」には「一の地域の法令によりその地域の家に入る者は他の地域の家を去る」とあります。

一九二一年には日朝間の婚姻《こんいん》が認められ、妻は夫の戸籍に入ることになりました（その結果、母系では民族が切断された）。民籍が移動するわけです。しかし、皇民化政策のスローガンであった「戸籍の統一」は実現されぬまま、日本の敗戦、植民地の解放を迎えるのです。

分家である以上、本家の命に従わなければならない暗黙の了解が生じます。また、一族の氏神様や氏の長者は天照の威光を担う者であり、その威光を継ぐ戸主や長男の指示は天皇の命とおなじです。家族はまた、戸主に逆らうことは許されません。

これが日本の家族国家観の正体。この図式に収まらない外国人は厄介者として排除されます。戸籍はいまも、この考え方を基本に作られた制度です。

Q8 「皇民化」はすべての占領地で行なわれたのですか？

父は満州を「家を捨てた男の希望の大地だった」といいます。けれど、それは「中国人の絶望の上に築かれた」ともいいます。日本は満州で何をしたのですか。

「皇民化《こうみんか》」には「家」の根拠地である本籍地《ほんせきち》を特定し、戸籍《こせき》に登録《とうろく》すると同時に、その「家」が天皇家の分家《ぶんけ》であるかのように擬装《ぎそう》（日本式氏《うぢ》の名乗りがその一歩）しなくてはなりません。しかし、すべての占領地《せんりようち》でこれをするのは不可能でした。

日本の朝鮮支配は朝鮮の社会経済を破綻《はたん》に追い込みました。その結果、多くの朝鮮人が中国東北部（満州《まんしゆう》）やソ連沿海州《えんかいしゆう》に脱出し、新しい生活を始めました。日本を拒否し、中国国籍《こくせき》を取得した人もたくさんいました。

しかし日本政府は日本国籍離脱《りだつ》を認めず、日本人の保護を名目に中国東北部に軍を進めました。一九三一（昭和六）年の「万宝山事件《まんぽうざんじけん》」です。以後、日本は満州の占領を進めていきますが、皇民化するには難問が多すぎました。

ロシアが敷いた満州鉄道の沿線には多くの白系ロシア人が暮らしていましたが、彼らを天照大神《アマテラスオオミカミ》の子孫と考えるには無理があります。また、生活の実情を調査した結果、「家」を大切にし、祖先を敬《うやま》う習慣は見つけることができませんでした。

また、先住民《せんじゆうみん》の多くが遊牧・騎馬民族《きばみんぞく》で、生活の拠点を持たない非定住者《ひていじゆうしゃ》です。その上、南中国や朝鮮、日本からの開拓者や、半強制的に連れられてきた労働者は単身者《たんしんしゃ》がほとんどで「家」の前提である家族・親族を形成していません。戸籍への登録が意味を持たないのです。

戸籍制度は家族・親族が存在して初めて支配力を持つ登録簿です。実在のAさんが戸籍上のAさんと同一人物であることを証明するのはAさんの家族・親族だけだからです。家族のだれかが嘘をついても、別な人が密告するでしょう。一回の嘘が、多くの人たちの身の上に一生ついて回るため、嘘がつけないのです。

この点、家族・親族を持たない非定住の単身者は身軽です。今日はAさん、明日はBさんで暮らしても、それほど不都合はないのです。彼らは戸籍支配に馴染《なじ》みません。

不都合は日本の側にありました。日本の強圧的な占領政策、軍事支配に対する抵抗者は後を断ちません。ヒット&ラン、日本軍を撃《う》っては人びとの中に隠れるゲリラ戦法です。日本軍は彼らを「匪賊《ひぞく》」と呼び、民衆と区別（匪民分離《ひみんぶんり》）して討伐しようと躍起でした。

そこで登場した支配手段が指紋《しもん》登録です。家族・親族を形成しない人たちを戸籍に登録するのを当面断念し、指紋登録を進めることで同一人物の裏付けを確保しよう、と考えたわけです。これは日本政府が考える「理想的な皇民化の姿」とはずいぶんちがいます。

万宝山事件

日本の圧制に耐えかねて、中国東北部の万宝山に移民した朝鮮人が、用水争いで中国人と対立。一九三一年五月、大規模な暴動に発展しました。

朝鮮人は移民に当たって中国国籍を取得し、日本国籍を捨てていたのですが、日本政府はこの国籍離脱を認めず「日本国民の保護」を名目に軍（主力は警察隊）を派遣します。これが日本軍の中国東北部侵略の呼び水になったのです。

また、この事件を教訓としたソ連は、沿海州の朝鮮人を中央アジアに強制移住させてしまいます。いま、四〇万人の朝鮮人がカザフスタンに住んでいるのはそのためです。

一九三二年、建国宣言によってデッチ上げられた「満州国」の執政（後に皇帝）には清朝最後の皇帝・溥儀《ふぎ》がかつぎ上げられました。天皇家とは明らかに別系統の血筋であるとともに、天皇家との分家を擬制《ぎせい》するような儀式も行なわれていません。

警察指紋と行政指紋

指紋による人物特定技術はイギリスで始まりました。しかしこれは警察指紋と呼ばれるもので、事件の解決を目的とする技術。ところが、日本が満州で発達させた技術は行政指紋と呼ぶもので、人の支配と事件の予防を目的としています。

日本は「皇民」でない者を「非国民《ひこくみん》」として排除したように、戸籍のない者を危険人物として敵視したのです。それが事件の予防に指紋を採る発想に結ばれたのでしょう。

これは人びとを虞犯者《ぐはん》（罪を犯すおそれのある人物）とみなすこと。行政指紋の導入には、国民の反発を予想しなければなりません。満州でこれができたのは、そこが傀儡《かいらい》政権による強権支配の地であって、国民も国も存在しなかったからにほかなりません。

究極の国民登録

日本は満州で、戸籍制度に代わり、指紋を登録した住民証を発行することにしました。が、これはあくまでも当面で、将来的に戸籍制度を断念したわけではありません。日本の実効支配が続けば、やがては人びとも定住化し、家族・親族が形成されるかもしれない。そのとき戸籍を導入しよう、と考えていたのです。

一九三二年版の平凡社『大百科事典』には「戸籍法に指紋法を実施するのは満州国をもって嚆矢《こうし》とす。…………形式的戸籍法を実体的戸籍とするのであるから、実に正確なる点においては世界一となることであろう」とあります。つまり、戸籍に指紋をドッキングさせれば世界一の支配システムが生まれる。満州はそれを目指すのだ、といっているのです。

これを『満州国史』は「戸籍制度に代わるべき国民登録」と呼んでいます。

結局、満州ではついに、この究極の国民登録は実現せずに終わりました。ところが、この発想を戦後の日本が引き継ぎます。一九四九年九月、衆議院で検討が開始された「国民指紋法」というのがそれです。

要するに日本は、国民を危険人物と考え、限りなく〝正確〟に支配したくて仕方ない国家なのです。ここには人びとのプライバシーや人権《じんけん》に配慮する姿勢はまったく窺えません。

この「国民指紋法」は、制度の宣伝用に元皇族（鷹司平通と結婚した皇女・和子）の指紋をお願いしたところ「私の両親（昭和天皇・皇后）からも採るのでしたら」と拒絶されてしまい、これを契機に立ち消えています。しかしその後も、学校で強制採取し

愛知の県民指紋登録制度

愛知県警は一九五一年から、県民指紋の登録を開始。六七年三月には県警本部長名で「県民指紋登録要綱」まで制定して、県下の全中学校で卒業生から指紋を採取していました。

また、愛知県に集団就職でやってくる他県の中学卒業生からも指紋を採っていたのです。

このことは六九年に大きな問題となり、ＮＨＫのテレビでも特集されています。

結局、七一年に廃止されましたが、その間、二五〇〇万人を超す人たちの指紋が集められていたのです。

ていることが問題になったりして、陰に陽に跡をひいています。

一九七一年、今後の戸籍制度を論じた法務省の担当官も「戸籍に登録公示されている人とその人間とを具体的に特定結合して公示するなんらかの方法手段が考慮されるべき」だとしています。これが顔写真や指紋を意味することはいうまでもありません。

Q9 日本に朝鮮人が多いのはどうしてなんですか？

大阪の生野区には朝鮮市場があるそうです。超ミニ市場は東京にもあり、最近、川崎にもできたとのこと。楽しみですが、なぜ日本には朝鮮人が多いのですか。

日本にはいま、六〇万人近い朝鮮人がいます。敗戦直後には二〇〇万人近い人たちがいたといいます。なぜ、こんなに多くの朝鮮人が日本に暮らすようになったのか。それは一九一〇（明治四十三）年に日本が朝鮮を侵略《しんりゃく》して、植民地《しょくみんち》にしたことに始まります。この年、朝鮮にいた日本人は一七万一五四三人ですが、日本にいた朝鮮人は一〇〇〇人足らずだったようです。

朝鮮を併合《へいごう》した日本は、朝鮮人に参政権《さんせいけん》を与えるなど、事実上の日本国籍者《こくせきしゃ》として扱いました。しかし両地の人の移動は厳しい管理下に置かれ、日本政府の意向に沿って開いたり閉じたりする〝国境《こっきょう》〟が残りました。

当初、政府はごく限られた朝鮮人の「渡航《とこう》」を受け容れ、ひと旗揚げようとする日本人の渡航は規制しませんでした。その結果、朝鮮の主要な産業はみんな日本人の手に陥《お》ち、やがては農地にも及びます。

貧困は人口移動のプッシュ要因です。多くの人たちが貧しさに耐えかねて、中国東北部（満州《まんしゆう》）へと押し出されました。日本方面に出ようとする圧力も増したのですが、日本政府は当初、国内の混乱を恐れて厳しくガードしました。

ところが一九一四年に始まった第一次世界大戦で、日本はかつてない活況となり、労働力不足が深刻化しました。そのため工場主が朝鮮へ行って労働者を「募集」するようになります。

一九一二年の土地調査事業によって、申告《しんこく》しなかった農民から土地を取り上げた日本は、一九二〇から産米増殖計画をスタートさせます。朝鮮の農地を日本向けの食糧基地にしようというもので、とれた米はみんな日本に運んでしまいます。朝鮮の農民は雑穀に頼るほかなく、しかもその雑穀用の土地でさえ転作を強要されるのです。朝鮮でのプッシュ要因はいっそう高まりました。「日本へ行けば白米《はくまい》が食べられる」「たらふく食べられる」そんな期待です。

一九二三年、大阪と済州《チェジュ》島との間に定期航路が開設されると「募集」による渡航者が急増するほどでした。今日、在日朝鮮人が大阪に多く住み、済州島出身者が目立つのは、このためです。

よく、「渡航」にしても「募集」にしても「彼らは来たくて来たんじゃないか」「勝手に来たんじゃないか」という人がいます。しかし実際には日本政府の周到なコントロールの下に送り出され、活用されたのだということがわかります。

一九三八（昭和十三）年、ドロ沼化する日中戦争に備えて「国家総動員法《こっかそうどういんほう》」が発動されます。政府が戦争のために人や物を自由に使える法律で、この中に朝鮮人を労務動員と称して使用する計画がありました。

資源増産のための炭鉱労働、鉱山労働、セメントや砂利の採掘、そしてダムや港湾・飛行場の建設、本土決戦に備えた各種トンネル工事。そのために朝鮮から労働者を連れてくるのを「強制連行《きょうせいれんこう》」と呼んでいます。

連行は労務動員計画に基づき、各地に割り当てられました。希望者を募る方式なので、これを「官斡旋《かんあっせん》」といいますが、割当て人数が増えてくればすぐ希望者を上回ります。日本での労務実態が伝われば希望者もいなくなります。

こうして「官斡旋」は、割当て人数を確保するための「強制連行」に姿を変えました。農作業中に捕まって、そのままトラックに乗せられて連行される様は、人狩りさながらだったようです。

この一連の労務動員計画によって日本に連行された朝鮮人は一〇〇万人以上にのぼるといわれています。七二万四〇〇〇人が確認されていますが、敗戦後、役所が動員記録を隠してしまったため全体像はなお明らかではありません。厳しい労働で死亡した人も少なくなく、その遺骨さえ散逸《さんいつ》してしまっているのが実状です。

日本への連行はこればかりではありません。日本は朝鮮人の反発が日本に向くのを恐れ、当初は徴兵制《ちょうへいせい》を布いていませんでした。しかし、軍属《ぐんぞく》として徴用《ちょうよう》した人が一二万人、それに女子挺身隊《じょしていしんたい》として「従軍慰安婦《じゅうぐんいあんふ》」にされた人が十数万人。沖縄や南方に

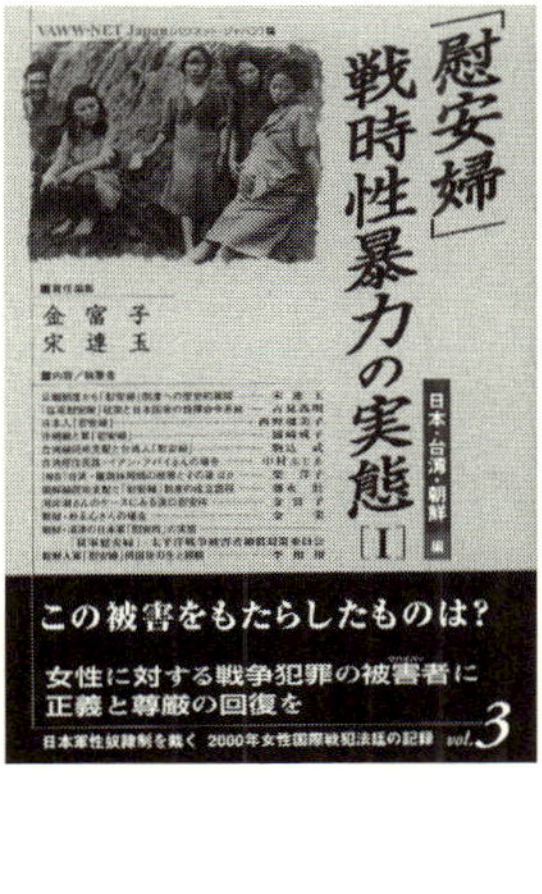

『「慰安婦」戦時性暴力の実態Ⅰ』日本軍性奴隷制を裁く 二〇〇〇年女性国際戦犯法廷の記録シリーズ第三巻、緑風出版、二〇〇〇年

配備されました。

また、戦局がひどくなるにつれ、一九三八年には陸軍志願兵制度が、四三年には海軍志願兵制度が朝鮮にも適用されます。そして一九四四年、ついに朝鮮にも徴兵制度が施行され、二二万人ほどの朝鮮人が日本軍の軍人として戦争に狩り出されました。

軍人の場合、支団で行動するので、日本に定住《ていじゅう》した人は少ないと思います。しかし、これら日朝間の歴史と、その中で生まれた人の流れがいまにつながっているのです。日本に朝鮮人が多いのは当然のことなのです。

彼らのほとんどは日本の朝鮮支配の犠牲者です。その彼らに対して「朝鮮人は帰れ」などという人がいます。「連れてきておいて帰れとはなにごとだ」そう反発する彼らのほうが正しいことを、日朝間の歴史は証明しています。

在日朝鮮人の協和会支配

一九一九（大正八）年、朝鮮に三・一独立運動が起こると朝鮮総督府警務総監部が「朝鮮人の旅行取締りに関する件」を発令。日本へ渡るには警察の「旅行証明書」が必要になりました。

また一九四〇（昭和一五）年、日本で暮らす朝鮮人は「協和会手帳」を持たされることになります。日本人と朝鮮人の融和《ゆうわ》を目指した民間組織「内鮮協和会」が発行したものですが、厚生省と特高《とっこう》警察が朝鮮人の管理を狙ったもの。

『あなたの町内会総点検』緑風出版
佐藤文明著、二〇〇三年刊

「犬の鑑札《かんさつ》」といわれて反発を買った手帳ですが、これが現在の外国人登録証明書の原型になります。

連行されてきた朝鮮人は厚生省から労働省や拓務省《たくむ》、軍に振り分けられましたが、過酷な使役に耐えられずに脱走する人が絶えませんでした。『特高月報』によると一九四三年時点で「募集」による連行者一四万六九三八人中五万八五九八名、「官斡旋」による連行者二二万九五二六人中六万一三七名もの人が逃亡しています。

協和会は逃亡者が地域に紛れ込むのを防ぐ組織でもありました。手帳もその手段のひとつですが、朝鮮人の本籍照会、各家々への表札掲示運動などもおなじ目的で取り組まれたものです。

隣り組、町内会といった組織も、消防団や在郷軍人会《ざいごうぐんじんかい》、青年団、婦人会と同様、内務省《ないむしょう》警保局（警察）の手足になっていました。いまでも表札（家族全員を戸籍簿スタイルで列記する方式）掲示運動を続けている町内会がありますが、その神経を疑いたくなります。家庭内の実情をさらすなど、強盗・空き巣の格好のターゲットになるだけだからです。

特高警察対応の町内会斡旋「表札」

まず、住所が記載され、次いで大きな字で書ける「戸主（世帯主）」欄がある。そして次に、一段低くなって家族全員の名前を列記する欄が続く。

こんな表札を見たことはありませんか。隣りの家も、その隣りもみんなおなじ表札で、となればこれは町内会が斡旋した表札にまちがいありません。地域によっては郵便受け箱の場合もあります。

この戸籍スタイルの連名方式は、特高警察の「要注意朝鮮人名簿」「要注意日本人名簿」もおなじです。ひと目で対照できるわけです。「いる人、いない人」など、近所の聞き込みにも便利です。

でも、なんでもかんでも警察のため、ではかないませんよね。

戦前の在日朝鮮人と在朝日本人

［1］韓国・朝鮮人の日本への移住および居住状況　（内務省警保局調査）

年　度	居住人口	増加人口	備　　考
1885（明18）	1	—	• 海軍絶影島侵入
1895（　28）	12	11	• 日清戦争終結、日本軍閔妃虐殺
1905（　38）	303	291	• 日露戦争終結、保護条約、義兵闘争
1907（　40）	459	156	• ハーグ密使事件
1908（　41）	459	—	• 東洋拓殖ＫＫ設立
1909（　42）	790	331	• 伊藤博文暗殺
1910（　43）	—	—	• 日韓併合、総督府設置、会社令公布
1911（　44）	2,527	—	• 第１次世界大戦、総督府各種法令公布
1912（大１）	3,171	644	• 土地調査施行、中華民国成立
1913（　２）	3,635	464	• 地税徴収規定公布
1914（　３）	3,542	93	• 第１次世界大戦に参戦
1915（　４）	3,989	447	• 日本精神を強要
1916（　５）	5,638	1,649	• 古蹟調査委員会設置
1917（　６）	14,501	8,863	• ロシア革命、朝鮮水利組合令公布
1918（　７）	22,262	7,761	• 土地調査完了、米騒動、世界大戦終結
1919（　８）	28,272	6,019	• ３・１独立運動、渡航調節制度
1920（　９）	30,175	1,901	• 産米増殖樹立計画着手
1921（　10）	35,876	5,693	• 朝鮮各地で労働スト
1922（　11）	59,865	23,989	• 渡航調節制度廃止、自由渡航制
1923（　12）	80,617	20,752	• 関東大震災
1924（　13）	120,238	39,621	• 各種労働団体結成
1925（　14）	133,710	13,472	• 渡航制限制度実施
1926（昭１）	148,503	14,793	• 京城帝国大学設置
1927（　２）	175,911	27,408	• 日本経済恐慌発生、米価暴落
1928（　３）	243,328	67,417	• 土地改良令
1929（　４）	276,031	32,703	• 世界恐慌発生
1930（　５）	298,091	22,060	• 地方制度改正
1931（　６）	318,212	20,121	• 満州事変
1932（　７）	390,543	72,331	• 農村振興、精神作興運動開始、抗日パルチザン組織
1933（　８）	466,217	75,674	• 自力更生運動
1934（　９）	537,576	71,359	• 産米増殖計画中止
1935（　10）	625,678	88,102	• ——
1936（　11）	690,501	64,823	• 祖国光復会創立
1937（　12）	736,689	45,188	• 日華事変（日中戦争）、国民精神総動員運動
1938（　13）	799,865	64,179	• 志願兵制公布
1939（　14）	961,591	161,726	• 国民動員計画、創氏改名、欧州戦争
1940（　15）	1,190,444	228,853	• 国民総力運動、東亜日報廃刊
1941（　16）	1,469,230	276,786	• 太平洋戦争
1942（　17）	1,625,054	155,824	• 朝鮮徴用令、増税激化、朝鮮語学会弾圧
1943（　18）	1,882,456	257,402	• 学徒兵制を強制
1944（　19）	1,936,843	54,387	• 朝鮮徴兵令
1945（　20）	2,356,263	428,420	• 終戦

〔注〕日本の学校に在籍する朝鮮人児童生徒の教育を考える会資料センター『なぜこんなにたくさんの朝鮮人が日本に住んでいるのだろうか』等より。

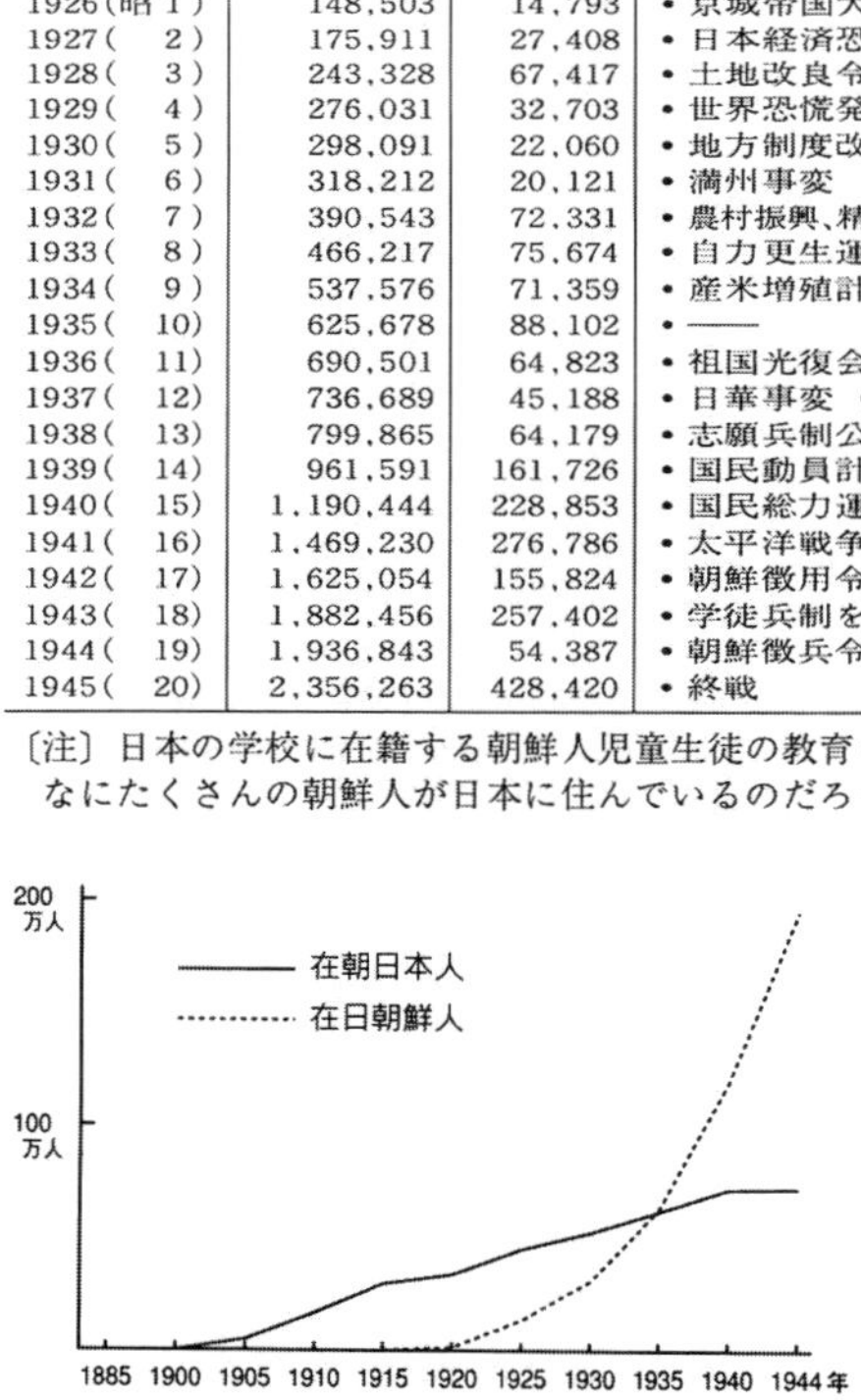

日本が徴用で朝鮮人を連れてくる以前は，日本に来る朝鮮人よりも，朝鮮へ行く日本人のほうがはるかに多かったことがわかります。

Q10 関東大震災で朝鮮人が殺されたって本当ですか？

級友の朝鮮人が私に「十五円といってみろ」といいます。巻き舌の私は戸惑いましたが「それで殺された人がいたんだよ」と教えられ、信じられませんでした。

一九二三（大正十二）年九月一日午前十一時五十八分四十四秒、関東一円をマグニチュード七・九の大地震が襲いました。炊事時と重なったため火災が多発し、一〇万人もの人が亡くなる大惨事となったのです。

このとき、住民の警備・救援に当たるべき警視総監がまず行なったのは、天皇のご機嫌伺いに宮中《きゅうちゅう》へ馳せ参じることでした。次に「民衆を煽動して事端《じたん》を惹起せんと企る者」を恐れて「警戒本部」を設置します。

その頃、東京や横浜に奇妙な噂が立ち始めました。「朝鮮人が井戸に毒を投げ込んでいる」「朝鮮人が暴動や放火を行なっている」といったもので、すべて根も葉もない流言《りゅうげん》です。流言の拡大に、神奈川県警の無線が一役買っていたことはわかっていますが、そのほかのことは謎に包まれています。

地震の被害で浮き足立っていた人びとは、この噂に脅《おび》えました。翌二日、政府が戒《かい》厳令《げんれい》を発布。軍隊や警察を動員して、在郷軍人会《ざいごうぐんじんかい》や青年団に「自警団《じけいだん》」をつくらせました。朝鮮人への恐怖は憎しみに変わり、自警団の暴走が始まります。竹槍《たけやり》や刀を手にして徒党《ととう》を組み、人びとを捕まえては「十五円五十銭」と発音させ、上手《じょうず》に言えないと取り巻いて袋叩きにしました。「殺せ！　殺せ！」といった野次馬《やじうま》の声に煽《あお》られて、実際に殺してしまうことも、稀れではありませんでした。

警察はこれらの暴徒から保護すると称して朝鮮人を次々に逮捕。しかも、暴徒の圧力に屈して、身柄《みがら》を引き渡してしまう警察さえありました。

こうした集団リンチをいさめる日本人もいたのですが、今度は「朝鮮人と結託《けったく》して暴動を起こそうとする社会主義者だ」とされ、助けに入る者の身さえ、危険になりました。

また実際、東京の亀戸《かめいど》署では検挙《けんきょ》された社会主義者ら九名が軍隊に、十六日には麹町《こうじまち》の東京憲兵隊で大杉栄《おおすぎさかえ》・伊藤野枝《いとうのえ》が甘粕正彦《あまかすまさひこ》憲兵大尉に虐殺される、という事件も起こっています。「民衆を煽動して事端を惹起」したのは軍隊と警察だったわけです。

この結果、東京だけで六〇〇〇人以上の朝鮮人が逮捕されています。殺された朝鮮人はそれ以上の数にのぼる（中国人も二〇〇人ほどが殺されています）と見られていますが、日本政府は実態の解明を拒んでいます。東京の「荒川《あらかわ》河川敷に死体を埋めた」とする目撃談があり、市民団体が発掘調査したものの現場は発見されていません。

あまりにも惨酷《ざんこく》な、身の毛のよだつような事件です。こんなことが、昨日まで平穏に暮らしていた何万、何十万の市民の間に起こったのです。直視するのはつらいけれども、こうしたことを繰り返さないためには政府自らが事実を解明し、直視しなければなりません。それを怠り、口をぬぐってしまうとすれば、それはまた恐ろしいことです。

この事件の恐ろしさは暴徒化した人びとの虐殺行為にあるだけではありません。関東一円で、多くの人びとの耳目《じもく》を集め、直接の関わりがあったはずの事件が、闇から闇へと葬り去られてしまったこと、多くの人が「知らぬ、存ぜぬ」ということで口裏を合わせてしまったことも、虐殺に劣らず恐ろしいことなのです。

事実を隠すように指令した政府と、それに応えた国民——これを反省しない限り、この国はまた、おなじことを繰り返すおそれがあります。安心はできません。

いまもある〝外国人は危ない〟の噂

一九九一年の春、アジア人労働者の激増が続く東京郊外の広い範囲で「イラン人らしい男が、次々に女性を襲っている」という噂が流れました。根も葉もない流言で、冷静に考えれば「次々に襲う」などということはあるハズもないことなのです。

しかし、この噂は消えては現われ、現われては消え、翌年になっても根絶しませんでした。この国の外国人に対する隠れた偏見《へんけん》が、恐怖の噂となって姿を現わしているのです。

関東大震災の悪夢
韓国・朝鮮人の追悼碑
現地・荒川に建てよう
虐殺の事実を次世代に
市民グループ呼びかけ 聞き取り調査も刊行へ

関東大震災時、虐殺された韓国・朝鮮人の遺体が荒川にかかっていた旧四ツ木橋のたもとに捨てられたという目撃証言にそって、この地に追悼碑を建てようという運動が進んでいます（「朝日」91・9・8）

噂の中には町内会の回覧板を使ったものもありました。「事件が多発しているので、注意しましょう」といったものです。

一九九二年五月には東京の八王子《はちおうじ》で「最近、学校帰りや塾帰りの女子中学生が、ち漢の被害にあっています」「犯人は外国人」と書いた『防犯ニュース』が回覧されました。このニュースを作ったのはなんと八王子警察署。外国人を犯人だとする根拠は何ひとつなく、同署は「署のミス」として全面的に謝罪しました。

この事件の裏には、関東大震災時の朝鮮人虐殺に似たものが隠れているような気がします。世情が安定しているときだからパニックにはつながりませんが、これが大災害時だったらどうなるか。とても心配です。

町内会・消防団の危なさ

日々、平穏に暮らしている者たちが、異質な風態をした外来者《がいらいしゃ》（よそ者）を「平穏を乱す者」として抹殺《まっさつ》する——これはアメリカ映画『イージー・ライダー』のテーマでもありました。平穏な暮らしの中に潜むエゴイズムとバイオレンスです。

だから、この、外国人に対する偏見も日本人に固有な問題ではありません。しかし、日本人の集団性と、それを組織して偏見を煽る装置が日本には厳然と存在しています。そのひとつが町内会です。これは極めて日本的な問題だろうと思います。

町内会は江戸時代、外部の侵入者を排除し、内部の反抗を抑えつけるために生み出

された治安管理装置《ちあんかんり》です。戦後、占領軍《せんりょうぐん》から解散を命じられましたが、根強く残ってきたものです。

こうした装置は他にもあります。消防団、青年団といった組織がそれです。西日本の沿岸部にあるこの種の組織は、密航者《みっこうしゃ》（密入国者《みつにゅうこくしゃ》）の発見、狩り出しの尖兵となっており、「密航者＝麻薬《まやく》＝犯罪」という意識をすり込まれています。ベトナムや中国の難民船《なんみんせん》が漂着した島で、アッという間に山狩り部隊が結成できるのも、この種の装置が日々組織されているからです。

しかし、外来者をまるで熊か猪のように狩り立てる人たちを見て、恐怖を覚える人もいるでしょう。たまにやってくる稀人《まれびと》（外来者をこう呼んで大切にした時代もあった）を狩るために、日々、外来者を敵視する心を育て続けることのほうが危険なことなのではないか。私はそう考えてしまいます。

Q11 戦争中、日本がアジアでやったことを教えてください。

受験教育のおかげで、私も現代史はおざなりです。しかし、アジアでは建国史そのものである現代史。最低限知っておくべきことがあるかと思いますが……。

明治以後の歴史は、アジアからみると侵略《しんりゃく》の連続でした。日本人の中には侵略戦争を「アジアを欧米の支配から解放するための聖戦《せいせん》」などと考える人もいます。しかし、これではアジア人が流した血や、味わった苦しみを説明することができません。

戦後に成立したアジアの多くの国にとって、日本の侵略と占領《せんりょう》とは、歴史の大きな部分を占めています。けっして忘れることのできない痛みなのです。その人びとと共に生きるためには、日本人もまた、この歴史を忘れてはなりません。歴史を教訓にすることができて初めて、日本はアジアの仲間入りが許されるのだと思います。

日本は一八七四（明治七）年、台湾《たいわん》に漂着した琉球人《りゅうきゅうじん》が殺されたことを名目として台湾に出兵（征台の役）、侵略の歴史を開始しました。中国に琉球の領有権を認めさせるのが目的です。

翌七五年には江華島《カンファド》砲台（朝鮮）に軍艦を接近させて、わざと砲撃させ、それを口《こう》実《じつ》に不平等な日朝修好条規を押しつけます（江華島事件）。日清戦争で台湾を手に入れた日本は一九〇五年に台湾戸口規則を制定。台湾の戸籍《こせき》支配を開始します。朝鮮《ちょうせん》支配の対抗馬だった清《しん》が破れたため、日本は朝鮮の属国化を強め、日露戦争中の一九〇四年には朝鮮の財政・外交権を奪います。翌年のポーツマス条約で南樺太《からふと》と南満州《まんしゅう》鉄道とを手に入れた日本は、清から南満州の権益を獲得。伊藤博文《いとうひろぶみ》を韓国《かんこく》に統監《とうかん》として送り込みます。

南樺太や南満州は戸籍支配が困難でしたが、韓国では可能だと判断した日本は、一九〇九年、韓国に民籍法《みんせきほう》を押しつけると同時に、韓国の併合《へいごう》を画策しました。併合の策謀に気づいた韓国民衆はそれぞれに抵抗運動を組織（義兵《ぎへい》）します。その一つが同年十月、ハルビン駅頭での安重根《アンジュグン》による伊藤の射殺だったのです。

しかし、一九一〇年、韓国併合が強行されて、韓国民衆の苦難が始まります。日本政府はいまも「合法的な併合」と主張していますが、朝鮮は「不当な奪取であった」と見ています。侵略された側から見れば、安重根はまた民族《みんぞく》の英雄《えいゆう》（義士《ぎし》）なのです。

一九一九（大正八年）年、ベルサイユ条約でドイツが握っていた山東省《シャンタオ》（中国）の利権を手に入れた日本は、東アジア全域の覇者《はしゃ》を目指すことになります。その一方、東ヨーロッパで吹き荒れた民族自決《じけつ》を目指した独立《どくりつ》運動の波が、アジアにも押し寄せます。

一九一九年三月一日、朝鮮全土で「独立万歳《ばんざい》」を叫ぶ民衆運動が起こりました。これが万歳事件（三・一運動）です。この蜂起は、欧米に代わる新たな支配者として登場した日本に対する中国人の怒りにも火を点《つ》けます。五月四日のことで、五・四運動と呼ばれています。

翌一九二〇年、日本は台湾・樺太・南洋を含む第一回の国勢調査《こくせいちょうさ》を実施しましたが、三・一運動の再来を恐れた政府は、調査の対象から朝鮮をはずしました。日本の支配層は、民衆の蜂起に震え上がったのです。そして二三年九月一日、関東大震災がやってきます。権力者が自分の影に怯《おび》えた結果が、朝鮮人の大虐殺《だいぎゃくさつ》を生んでしまうのです（↓Q10）。

以後、日本は急転直下、十五年戦争へと突入して行きます。一九三一（昭和六）年、日本の関東軍《かんとうぐん》が柳条溝《りゅうじょうこう》（柳条湖）の満州鉄道を爆破。これを中国軍のせいにして戦端を開き、強引に「満州国」をデッチ上げ、日本の属領にしてしまいます。満州は多くの中国人の強制労働と、朝鮮人や日本の被差別者《ひさべつしゃ》の移民《いみん》労働によって支えられます。

一九三七年六月、日本は中国全土の侵略を開始。十二月には南京《ナンジュン》を占領して、住民の無差別虐殺を行ない（南京事件）ました。翌年の五月には国家総動員法《こっかそうどういんほう》を発令。朝鮮人の強制連行《きょうせいれんこう》が始まります。沖縄・台湾も中国侵略の前線基地となり、日本軍が進出。軍属《ぐんぞく》の徴用《ちょうよう》とともに、女子挺身隊《じょしていしんたい》・従軍慰安婦《じゅうぐんいあんふ》の調達も始まります。

一九四〇年には米英による重慶《チョウチン》（中国が南京から移した首都）への補給路を断つため、仏領インドシナ（ベトナム、ラオス、カンボジア）を占領。四一年には英領のマレー半島に上陸、真珠湾《しんじゅわん》を攻撃して米英に宣戦《せんせん》を布告《ふこく》します。四二年一月には米領フィリピン、二月には英領マレーシア、シンガポールを占領します。

元従軍慰安婦
在日韓国人が初提訴
公式謝罪求めて
G7提示の対露金融支援
総額300億ドル超に

在日の元従軍慰安婦も日本政府を相手取り提訴（「毎日」93・4・6）

以後、戦線はタイ、英領ビルマ、蘭領インドネシアを含む南太平洋全域に広がっていきます。ビルマの孤立を防ぐため泰緬《たいめん》鉄道の建設に着手したのは一九四二年六月。虐殺や強制徴用が各地で起こります。オーストラリア本土への攻撃もありました。

いま問われている各地の「戦後補償」はこの間の日本の行動に対するものです。日本は戦後、この時に受けた個人の損害や屈辱に対して、補償はもちろん謝罪さえしてこなかったのです。

知っておくべき最低のこと

「鮮人《せんじん》」――朝鮮の人たちを日本は「鮮人」と呼ぶようになります。朝の字が「朝《ちよう》廷《てい》」に通じるので、使うのを許さない、というのがその理由。朝鮮人を蔑視《べっし》した差別語です。

「七三一部隊」――満州国デッチ上げ直後、ハルビン近郊に配置した細菌《さいきん》部隊。細菌兵器の実験に中国人・蒙古《もうこ》人・ロシア人を使い、三〇〇〇名余りを惨殺したのです。生体実験用に捕えた人たちをマルタ（丸太）と呼び、実験材料とみなしていました。

「万人坑《ばんじんこう》」――満州の大同炭鉱など各地の鉱山にある死体捨て場。日本は戦争を進めるため、満州で六万人の鉱夫を殺して一四〇〇万トンの石炭を掘り出しました。「人の命を石炭に換える」政策だ、といわれます。

「南京大虐殺」――一九三七年十二月十三日、南京を占領した日本軍は「敗残兵《はいざんへい》狩

警官の厳重な監視下で日夜酷使された徴用の朝鮮人労働者たち

り」を名目に、住民や避難民を捕えて集団虐殺。家々を襲っては略奪と強姦を行ないました。死体の後片付けだけで一年、犠牲者は三〇万人にのぼるといわれます。隠しようもない歴史的な大事件ですが、日本は長い間「信憑性《しんぴょうせい》に欠ける」として教科書への記述を歪めてきました。

「泰緬鉄道」――タイからビルマへの日本軍補給路として建設された鉄道。「死の強制重労働」で一年四カ月後に完成したが「枕木一本に死者一人」といわれ、連合軍の捕虜《ほりょ》六万人、アジア人労働者二五万人が動員されました。捕虜の死者は三〇パーセント（軍医を抱える部隊だが）、アジア人労働者はそれを上回ると推定されています。

「バターン死の行進」――マニラからバターン半島に撤退した米軍がそこで降伏。七万人のアメリカ人、フィリピン人が捕虜になってマニラまで歩かされました。三日間の行進中に二万人が死亡。「死の行進」となりました。

「従軍慰安婦」――「日本兵による強姦を防ぐ」という名目で、兵隊たちのセックス処理用慰安所が全占領地に建設されます。慰安婦は「挺身隊」として勧誘され、連行されて軍に従い、日本軍敗走後は戦場に放置されました。推定人数は八万人から二〇万人。朝鮮、台湾、中国、フィリピン、オランダなどの女性が動員されています。

「第三国人」――戦後、占領軍は日本に暮らす人びとを戦勝国民（中国人など）と敗戦国民とに区別。朝鮮人はどちらにも当てはまらない、として「第三国人」と呼びました。ところが日本人はこれを朝鮮人に対する蔑称《べっしょう》として利用、「三国人」と呼ぶよ

海南友子の二作品

ドキュメンタリー映画監督・海南《かな》友子《ともこ》にはインドネシアの従軍慰安婦をテーマにした作品「マルディエム　彼女の人生に起きたこと」（二〇〇一年）と中国残留兵器被害を題材にした「にがい大地の涙から」（二〇〇二年）があります。どちらも息を呑むような力作です。

うになります。明らかな差別用語です。

「京城《けいじょう》」（現ソウル）――日本がデッチ上げた地名で、押しつけられた側にとっては屈辱的なものです。しかし、日本の戸籍にはいまも「満州」同様、「京城」という地名があたかも存在したかのように残されています。

「花岡事件」――一九四五年六月、秋田県の花岡炭鉱で日本に強制連行された中国人が、過酷な労働に抗議して蜂起したものの、鹿島組の手に掛かって多数の犠牲者（死者四一八人）が出た事件。生存被害者と遺族が現在も日本政府に対して謝罪と賠償を求めて闘っています（九五年、鹿島建設を提訴）。

「日本軍放置兵器」――旧日本軍が中国各地に放置してきた毒ガス兵器や砲弾による被害が、今でも住民を苦しめています。被害の賠償を巡る裁判で東京地裁は二〇〇三年九月、国の責任を認め、三つの事件（一〇人）に対して一億九〇〇〇万円の支払いを命じました。政府も以後、中国政府とともに放置兵器の回収に当たっています。

「新宿で発見された人骨問題」――一九八九年七月、新宿区戸山町の旧陸軍軍医学校跡地から多数の人骨が発見されました。人骨は不自然な傷がある頭蓋骨と大腿骨ばかり。七三一部隊の人体実験と関係があるのではないかといわれています。が、厚労省は鑑定を拒否。人骨は鑑定を待つ間、区の納骨施設に保存されています。

インドネシアの元「慰安婦」マルディエム
13歳で「慰安婦」にさせられた彼女は
55年ぶりに「慰安所」をたずねる旅に出る……
Mardiyem《マルディエム》
彼女の人生に起きたこと
55年ぶりの「慰安所」への旅
kana tomoko
監督 海南友子
2001/日本/ビデオ/92分/

Q12 戦後、朝鮮人はなぜ祖国へ帰らなかったのですか？

朝鮮人の友人は「親父は祖国へ帰りたがった。でも、ボクには祖国がない」といいます。戦後すぐ、帰っていたらよかったと思うのですが。

在日韓国・朝鮮人に対して「そんなに日本が嫌《いや》だったんなら、帰ればよかったんだ」とか「いまさら帰れとはいわない。しかし、残った以上、文句はいうな」という人がいます。こういう人たちは、彼らが日本に残ることを選んだのだ、好きで残ったのだ、と思っているのでしょうか。

たしかに、戦前の早い時期に一家でやってきて事業を起こし、それなりの成功を収めた人がいることはいます。しかし、それはほんのひと握り。いや、ごくごく稀れな人たちです。その他の圧倒的な人たちはみな、日本に未練はありませんでした。祖国《そこく》に帰りたかった人たちなのです。

しかし、二〇〇万人を超す人たちがどうやって帰るというのでしょう。現実を考えればすぐにわかります。まず、船が足りません。船があれば、南方で孤立している旧日本軍の帰還《きかん》が優先されました。生活物資や食糧のことを考えれば、これは仕方のないことでした。また、二〇〇万人もの人が一気に増減すれば、送り出す側の社会も、受け容れる側の社会もパニックになります。社会の安定のためにはゆるやかに帰すほかはなかったのです。

ところで、実際の当時の様子はこんな冷静なものではありませんでした。強制連行《きょうせいれん》《こう》で僻地《へきち》に送られた人たちは、自分たちがどこにいるのかもわからぬままに、ひたすら過酷な土木作業とタコ部屋生活を強いられました。

シゴキ棒を手に、作業を見張る日本人現場監督。その扱いに反発して殺された仲間たち。ある日、いつものように目覚めると「起床!」の声もなく、現場監督が残らず姿を消している。これが日本の敗戦だったのです。各地の連行現場では労働者の報復《ほうふく》を恐れて敗戦を知らせず、日本人だけが逃げてしまったのです。

考えてみてください。着のみ着のまま、食べる物もない。近くに村があればこそ。居所《いどころ》もわからなければ、言葉もわからない。お金もなければ、体力もない。これでどうやって帰れというのでしょう。

富山《とやま》、敦賀《つるが》、下関《しものせき》、やっとの思いで港にたどりついた人たちが、そこで目にした光景は帰還船《きかんせん》を待つ黒山の人、人、人。いつ出るかわからない船を待って、人びとは飢えていきました。仕事を捜さなければなりません。港湾の仕事に就《つ》けた人は超ラッキーな人でした。「炭鉱に行けば仕事があるぞ」、口伝《くちづて》で、そんなニュースが流れてきました。

その頃、朝鮮半島にも共産主義の波が押し寄せていました。中国では共産党が勝利し、ソ連とアメリカの関係も険悪になっていました。アメリカはこの大事なときに日本の石炭産出量が低下してしまうことを恐れました。それは朝鮮人を「早く帰したい」とする日本政府に、政策の修正を迫る力でもありました。

また、なんとか朝鮮に帰った人たちも、朝鮮で吹き荒れようとしている戦争の予兆《よちょう》の中で混乱させられました。無一文で帰った同胞《どうほう》を暖かく迎える余裕などなかったのです。また、実際、朝鮮北部へ帰ることはむずかしく、故郷そのものが喪失《そうしつ》状態になりました。

そういう人たちの中には、やむなく日本へ戻った者もいます。戻った者たちの口から、祖国や故郷の混乱ぶりが伝わってきます。勇んで帰ろうとしていた人たちが、次第に二の足を踏むようになったのも当然のことでしょう。

仕事を探せば生活が始まります。生活が始まればさまざまな人間関係が生まれます。家族や地域が、仲間や職場が、そしてわずかな財産が日本との絆《きずな》を強めます。しがらみ、というのかもしれません。しかし、それを簡単に断ち切れないのが人間です。人間は社会生活を大切にする生き物なのです。

生活者が生活の根拠地《こんきょち》を去るということはとても大変なことなのです。だから、移住を強制することはだれにも許されません。日本で暮らす韓国・朝鮮人が、みずからの意思で日本に残ったのではないことが、おわかりでしょうか。

もっとも、私はここでみずからの意思で残った人たちに「文句をいうな」というつ

子ども心にも亀裂

一九五九年一月、小学五年の三学期の始め、筆者は仲良しの友だちがいないのに気づきました。担任によれば「小川くんは朝鮮人で、本当は貞《チョン》くん（先生はテイと読んだ）というんだ。貞くんは昨年の暮、赤十字の帰還船で北朝鮮に帰った。みんなによろしくってな。朝鮮はいま、北と南に分かれていて……」

親友だと思っていたのに、さよならも言わずに行ってしまった。

それは子ども心にも、ある種のショックでした。おそらく貞くんの両親は、もっと多くの人生の貴重なしがらみを断ち切って、朝鮮への帰国を選んだのです。

もりもありません。彼らもこの国の立派な構成員。この国をもっと暮らしやすくするために、大いに文句をいってほしいと思います。

戦後、東京や大阪の闇市《やみいち》で、ホルモン焼きが発明されました。発明したのは朝鮮人だということです。これが食糧不足、栄養不足の当時の人たちにとって、どれほどの光明だったか。それを考えると感謝に耐えません。人びとはそのように生きあってきたのです。

占領軍（GHQ）は「秩序ある帰還」を名目に、港に集まった朝鮮人を追い返し、船を雇って自力で脱出しようとする人たちに、帰国の禁止を命じました。そして一九四六年三月「登録しなければ帰国させない」と威《おど》して「朝鮮人、中国人、琉球人及台湾人」の登録《とうろく》を実施。これが今日の外国人登録の源流です。

この時点までに帰国した朝鮮人は約一三〇万人（内三五万人余が自費帰国者）にのぼります。

ホルモン焼きの話

一説に「こんなもの、放るもんだ」というところから、この名がついたという。捨てる部位の内臓を、みごとご馳走に仕立てたのです。もちろん朝鮮にも存在しない食文化で、在日コリアンの発明です。筆者は発明者を複数知っていますので、同時発生的な調理法だったのです。

Q13 日本に残った朝鮮人はどんなふうに扱われたんですか？

日本に残った朝鮮人も、最初は日本国籍を持っていたと聞きます。いつから外国人になったのですか。選挙権などはどのように扱われたのでしょうか。

戦前、朝鮮人は日本国籍《こくせき》を持っていました。だから日本で暮らす朝鮮人が、日本の選挙権を持つのは当然で、大阪に住む朴春琴《パクチュングン》さんはこのままの名前で立候補し、連続二回、衆議院議員に当選しています。

ところで、戦後も朝鮮人は日本国籍を持っていました。本国の朝鮮人は独立とともに朝鮮国籍者となりますが、日本で暮らす朝鮮人にとって事情は異なります。日本国籍を失って、不利益となっては困るからです。

そこで世界は、こうした人たちに国籍の選択権《せんたくけん》を与えることにしています。日本国籍を持っていることを確認した上で、日本国籍か韓国・朝鮮国籍かを選んでもらうわけです。それまで日本国籍を奪うことは許されません。

国籍を奪ってはいけない、という世界の原則。国際法《こくさいほう》は国籍の剥奪《はくだつ》が人権《じんけん》の剥奪になることを許さないのです。ところが日本政府は一九四五年十二月「戸籍法《こせきほう》の適用をうけない者の選挙権および被選挙権は当分の間停止する」として、国籍を奪うことな

民籍間の移転

戸籍（民籍）相互間の移転は「妻は夫の家に入る」の規定から婚姻した妻に限られます。婿養子縁組による場合を除き、男子の移転はありません。

く重大な権利のひとつを奪ってしまいました。

戸籍法は日本本土（内地）だけに適用され、台湾《たいわん》や朝鮮にはそれぞれ別な戸籍法（台湾戸口規則、朝鮮戸籍令）が適用されていました。政府はこれを利用して朝鮮人・台湾人の権利を奪ったのです（四一頁「民籍」参照）。

同様のことが一九五二年に公布された遺族援護法《いぞくえんごほう》にも起こっています。援護の対象者が内地の「戸籍法の適用をうける者」に限られたため、多くの朝鮮人・台湾人遺族が、援護を受ける資格を失ってしまったのです。

日本政府は朝鮮人・台湾人の日本国籍を「講和条約締結まで」認める、といいながらも、一九四七年五月「当分の間これを外国人とみなす」として、外国人登録令《がいこくじんとうろくれい》の登録対象者にしてしまったのです。

日本政府はもうこの時点で、朝鮮・台湾人の日本国籍を奪う方針だったようです。一方、占領軍《せんりょうぐん》は日本が国籍選択権を与えるだろうと考えていたようです。

日本が戦争終結のための講和条約を結んだのは一九五一年九月、発効は翌年の四月二十七日です。これによって日本は「朝鮮の独立を承認して、朝鮮に対するすべての権利及び請求権を放棄する」ことが確定（台湾との講和は同年八月）しました。

しかし、条約中に国籍の定めがありません。日本は千島樺太《ちしまからふと》交換条約でも、ポーツマス条約でも、領土変更に伴う国籍の変動を経験しています。国籍選択権を与えずに、特別な処理をするなら、当事国と協議し、条約に盛り込むことが必要だと、認識して

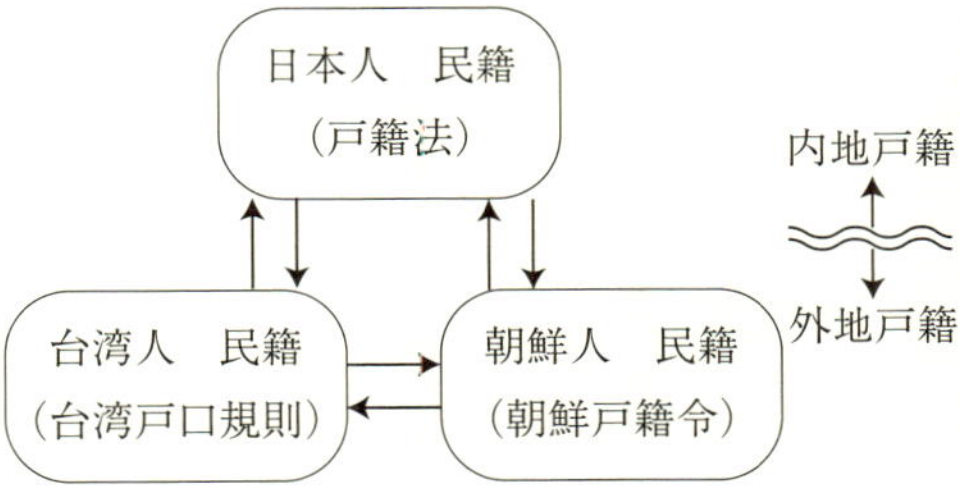

これは戸籍処理の規定に過ぎず、国籍の規定でも民族の定義を示すものでもありません。にも関わらず、戦後の日本は、これを国家＝民族の境界と解釈。戸籍手続き上で勝手に線引き（その結果、台湾、朝鮮人から日本国籍が剥奪された）してしまったのです。

いたはずなのです。条約に定めがない以上「日本は国際法に従うのだろう」、日本国籍は当面そのままで「いずれ選択権が与えられるのだろう」と、アメリカがそう考えたのは無理からぬことです。

ところが、日本は条約発効のわずか九日前、四月十九日に戸籍に関する「民事局《みんじきょく》長通達《ちょうつうたつ》」というのを出しました。そこには「朝鮮人及び台湾人は、内地に在住している者を含めてすべて日本の国籍を喪失《そうしつ》する」と、ありました。戸籍の取扱い責任者が部下に指令するだけの「たかが一本の通達」です。条約でもなければ法律でもない。こんなものによって、国籍という日本においては人権の基礎になる資格を奪ってしまったのです。国際的にみれば、ドはずれた非常識。開いた口がふさがりません。

が、実際にはこの日から、戸籍手続き上、在日朝鮮人・台湾人は外国人として扱われ、最高裁判所もこれを追認しています。そして、先の外国人登録令を改正した「外国人登録法」が最後の勅令《ちょくれい》として登場。条約発効と同時に施行《せこう》されて、朝鮮・台湾人を「当分の間」ではなく、一方的に外国人にしてしまったのです。

この一連の国籍剥奪の手続きや最高裁の判決は、世界の人権の流れに挑戦するに等しい棄民《きみん》政策です。日本はこれによって、その後のさまざまな戦後補償《せんごほしょう》から、朝鮮・台湾人を排除してしまったのです。

ドイツは戦後、ナチスが奪ったユダヤ人のドイツ国籍を回復し、占領地の人びとにも国籍選択権を与えました。日本のやったことと比べれば、その差は歴然としていま

国籍を奪う手続きなし

日本は国籍を奪うための根拠法を示して定めず、奪うための手続きを示してもいません。やったのはただ、日本人なら行われるべき、窓口での戸籍手続きを怠っただけ。日本国籍は失われてはいません。戸籍手続きの遅滞に時効はありませんから、いまからでもやり直せるはずです。

「施行」の振り仮名

施行はふつう「しこう」と読みますが、役所では「試行」との混同を避け「せこう」と読みます。「出生」を「しゅっしょう」と読むのは「出征」との混同を避けるため。役所読みのひとつです。

す。私はまだ、一連の戸籍手続きは無効で、在日朝鮮人・台湾人の日本国籍は失われていない、と考えています。

戦争花嫁と呼ばれた人たちの国籍

日本人と外国人との分離が民籍を基準（内地《ないち》戸籍にある者と外地《がいち》戸籍にある者）に行なわれたため、重大な問題が発生しました。日本で朝鮮の男性と結婚した日本女性は、戦前の「家」制度の規定によって、夫の家（朝鮮戸籍）に入ります。その結果、彼女は日本から一歩も出たことがなくても、朝鮮人とみなされ、日本国籍を失ったのです。

「家」制度は個人の尊厳《そんげん》と両性の平等に反するため、新憲法《しんけんぽう》では否定されています。ところが、その新憲法下で、「家」のルールに従った国籍の剥奪が行なわれたのです。

反対に、朝鮮の女性は日本人の妻として入国《にゅうこく》が認められ、国籍法が改正されて結婚が国籍移動の事由《じゆう》にならなくなった後も、講和条約発効の日まで、日本人になることができました。「家」を基準とした性差別です。

ちなみに、講和条約発効までは、朝鮮人の夫は新規に妻のいる日本へ入国することが許されませんでしたが、朝鮮人妻は戸籍への届け（婚姻届《こんいんとどけ》）のない事実上の妻でも、入国が許され、夫の戸籍に入ることが認められました。妻は夫の「家」の者だとする徹底した「家」意識に貫かれているのです。

また後者の例は、事実婚《じじつこん》が届出婚《とどけでこん》と完全に同一に扱われた珍しいケースです。これ

棄民政策に最高裁も荷担

国籍を奪われた日本人妻から、日本国籍確認の裁判が次々に起こされ一、二審では勝ったケースもあります。しかし六一年、最高裁はこの案件を斥け、法務省の棄民政策に荷担しました。それで戦後処理を結着させようとしたのです。

しかし、八九年、予想外の問題が起こりました。朝鮮人夫との婚姻無効の裁判が認められ、日本国籍を回復した女性が出現したのです。

そうなると、その女性の子どもの国籍も変わってきます。法務省の棄民政策を根底から揺るがす訴訟が、今後も続くかもしれません。こうした女性を母に持つ人は、ぜひもう一度母親の身に起こったことを振り返ってみてください。

は占領軍の指示によるものですが、国際的には戸籍への届けのある、なしは重大なことではないのです。このケースは、今後、国際化の中に置かれた戸籍制度がたどる運命を暗示しているように思われます。

Q14 韓国・朝鮮の祖国では在日同胞をどう考えているのですか？

税金はおなじにとりながら、選挙権もない状態はどこかおかしいと思います。韓国・朝鮮の祖国では日本のやり方をどう考えているのでしょうか。

韓国も朝鮮（民主主義人民共和国）も在日同胞《どうほう》を自国民とみなしており、在日の民族《みんぞく》団体（南を支持する民団《みんだん》と北を支持する総連《そうれん》）も祖国《そこく》へ帰ることが大前提だったので、日本の棄民《きみん》政策を批判しませんでした。

ただ「国際法では、領土の変更のある場合には〝住所地領有国の国籍《こくせき》を推定する〟のが原則で、その後、韓国籍を選択することもできる」と、日韓条約《にっかんじょうやく》を結ぶ前の日韓会談の中で、韓国政府はこう主張しています。

これに対して日本は「国籍選択権を与えるのが正しかったが、もう手遅れだ」と主張。「そのかわり、申請《しんせい》があればできるだけ帰化《きか》させる」と逃げました。結局、韓国がこれを受け容れ、一九六五年に日韓条約が締結されることになります。

日本の敗戦《はいせん》から二十年、この頃には在日の人たちの暮らしは日本に深く根ざしていきます。新しい世代が誕生し、祖国へ帰る夢はますます遠退《とうの》きます。そうなると、日本国籍を基準に権利《けんり》を与える日本で、国籍のない人たちが生きていくむずかしさがクッキリと見えてきました。

この差別《さべつ》、生き難さを解消するために、二つの流れの運動が始まります。「日本国籍を認めろ」という流れと「国籍を基準にするのはやめて平等に扱え」という流れです。前者が日本国籍確認運動、後者が在留権《ざいりゅうけん》運動と呼ばれるものです。

私が以前、取材した九州の金鐘甲《キムチヨンカブ》さんという人も日本国籍の確認を裁判で訴えた人です。強制連行《きょうせいれんこう》で日本にきてからの生活苦は大変なもの。そのあげくに体をこわし、病院暮らしを余儀なくされた人です。国籍を奪われたため、なんの補償《ほしょう》も受けられず、病院でも厄介者扱いされていました。

その後、転院先の医師に支えられて裁判《さいばん》を始めたのですが、この訴えは一九六九年に京都の宋斗会《ソンドウフェ》さんが始めて以来、敗訴《はいそ》し続けているものです。それでもなお、さまざまな形で提訴《ていそ》が続いています。

新しい流れは、日本への在留《ざいりゅう》を前提としたものです。そのため、当初、民族団体はこの流れを無視していました。とりわけ、国籍確認訴訟《かくにんそしょう》は「日本人になりたい」運動だとして非難されました。〝日本国籍＝日本人〟という誤った観念は在日にもあり（韓国人＝韓国籍という感情を含む）、韓国や朝鮮への帰属を国籍によって証明したいという思いが強いからです。

しかし、もし戦後の棄民政策を誤りとし、日本国籍の保有が確認されたらどうでしようか。〝日本国籍＝日本人〟という図式は崩れ去り、朝鮮人は日本に居住《きょじゅう》する少数

金鐘甲さんの本

筆者の金さんに関する記事は、全文が『〈くに〉を超えた人びと』（社会評論社・一九九七年）に収録されています。副題は―「記憶」の中の伊藤ルイ・崔昌華・金鐘甲―

民族として国際的にも認められ、日本政府もその固有の伝統や文化を守ることが義務づけられます。ハングルを公教育《こうきょういく》の一部に採用する学校も現われるでしょう。

日本国籍を確認することは「日本人になる」ことではありません。日本籍朝鮮人、あるいは日朝二重国籍の朝鮮人を生きることであり、それを日本に認めさせることなのです。

日韓条約の締結で、韓国政府は日本国籍の確認を要求する権利を失いました。しかし、在日韓国・朝鮮人にはまだ要求する資格があります。また、北の朝鮮民主主義人民共和国は日本との間でどんな条約も取り交わしたことがありません。国籍確認の請求権を持っていることは確かです。

もっとも、日本への在留を前提とした新しい潮流《ちょうりゅう》はいま、市民権や在留権の確保に向かっています。国籍はいらないが、市民としての対等な権利が欲しい、という要求です。日本政府もいつまでもこの要求を無視することはできないと思います。

台湾人の国籍選択権

台湾人の問題は、現在、中国政府に交渉権《こうしょうけん》があります。しかし、一九七八年に締結した日中平和条約《にっちゅうへいわじょうやく》の交渉過程で、中国側は「今後、日本の戦後処理の問題を持ち出さない」と約束。日本政府はこれによって台湾人の国籍確認の問題は決着した、と考えています。

といっても、個々の台湾人の頭越しに、国どうしが決着をはかれる問題なのかどうかは疑問です。在日台湾人にはなお請求権が残っていると解すべきです。

一九七三年、日本国籍の確認訴訟を起こした林景明さんは八三年十一月、最高裁で敗訴。それでも納得できずに、今度は「中国」と記載してある外国人登録証《がいこくじんとうろくしょう》の国籍欄を「無国籍」と書き換えてほしい、という裁判を起こしました。八五年のことです。

林さんは日本在住の台湾独立運動家で、強制送還《きょうせいそうかん》のおそれのある「中国」籍よりも「無国籍」のほうが安心だというのです。このように、一方的に国籍を奪うことも許されませんが、一方的に国籍を押しつけることにも問題があるのです。

元日本国籍者の在留権

戦後処理の中で、一方的に国籍を奪った日本も、強制的に追放《ついほう》することはできませんでした。だれが見ても、日本国籍者であった朝鮮人・台湾人は、ひき続き日本で暮らす権利があるのです。

日本で暮らす権利を在留権といい、在留権が与えられる根拠を在留資格と呼んでいます。詳しくは次項で説明しますが、戦前からひき続き日本で暮らしている朝鮮人・台湾人に対して法律は明確な在留資格を定めていませんでした。

不安定な状態に追い込んで、帰国させるか帰化させようと考えていたからです。帰化はそれぞれの民族性を奪い、日本人に同化《どうか》させるもので権利とはいえません。また、

日本国籍でも民族の誇りがある

現在、在日韓国・朝鮮人はおよそ六五万人いる、とされています。しかし、この数字は「韓国」「朝鮮」籍として外国人登録されている登録人口にほかなりません。

法的立場（国籍）と民族とは別なので、この数字を在日の朝鮮民族人口と考えることはできません。民族とは一定の文化を受容した血縁集団のことで、国籍を問うものでもないのです。だから、日本国籍の韓国・朝鮮人はこの数字よりずっと多くなります。日本国籍を取るために帰化した人、旧国籍法（父系主義）下、婚姻届を拒否した朝鮮人を父に持つ子、なども、朝鮮の文化を受容し、そこに自分のアイデンティティーを結んでいれば、それは立派に朝鮮民族です。

日韓会議で国籍選択の代用とされた永住権にしても、本国へ強制送還される可能性を残した永住権。安心して暮らし続けられる権利ではなかったのです。

　また、一度、祖国へ帰国しながら、生活できずに戻ってきた人たちには、さらに不安定な在留権しかありません。「定住者《ていじゅうしゃ》」と呼ばれるもので、法務大臣の考えひとつでいつでも追い出されてしまいかねない一時しのぎの権利でしかないのです。

Q15 入国管理法ってどんな法律なのですか?

朝鮮人の友人は「この国で生まれた者を、入国者として管理する国は日本だけだ」といいます。だとすれば、ちょっとひどいと思いますが。

戦後、差別《さべつ》から解放された朝鮮人を恐れた日本は、まだ日本国籍《こくせき》を持っていた朝鮮人・台湾人を「外国人とみなし」て、外国人登録令《がいこくじんとうろくれい》を制定（一九四七年に制定された最後の勅令《ちょくれい》）し、治安管理《ちあんかんり》の対象としました（→Q17）。

この勅令は日本にいる外国人を管理するものですが、日本にやってくる外国人の管理についても定めていました。しかし、アメリカ人などの出入国者が増えてきたため、一九五一年に「出入国管理令《しゅつにゅうこくかんりれい》」として分離します。アメリカの制度にならったものだ、ともいわれます。

ところが日本は、これを在日朝鮮人・台湾人にも適用しました。これは日本にやってくる外国人の管理を狙ったもので、日本にいる外国人を管理するのは不当なのです。とりわけ日本国民として入国してきた朝鮮・台湾の人たち、日本で生まれた人たちを、パスポートで入国してきた外国人と同様に扱うのは許されることではありません。

一九六九年、政府は在日外国人の政治活動を禁止する厳しい条項を盛り込んだ入国

入管法の登場

出入国管理令は一九六九年から四年間、入国管理法案に姿を変えようとしますが、外国人の政治活動禁止を含むもので激しい反対運動（入管闘争）の結果、廃案となります。これが入管法（出入国及び難民認定法）になったのは一九八二年のことで、原因は外圧。七九年の国際人権規約、八一年の国連難民条約を日本も批准。政府の歩み寄り、緩和策との触れ込みで成立したものです。

管理法の制定を目指しましたが「在日朝鮮人や台湾人の人権《じんけん》が危ない」との反対運動が起こって、廃案になりました。

現在の入管法は一九八一年、日本が国際難民条約《こくさいなんみんじょうやく》を批准《ひじゅん》したため、難民の管理が必要になって改正されたもの。正しくは「出入国管理及び難民認定法」という長い名前の法律です。この改正で朝鮮・台湾の人たちの管理が厳しくなったわけではありませんが、日本にいる外国人が日本にくる外国人と同様に扱われている事情はおなじ。「日本にいる外国人を入管法の適用から除外せよ」という声は、今もなくなっていません。

一九八九年、外国人労働者の急増に対応して改正された外国人登録法は、日本にきた外国人の政治活動を禁止しています。

日本に在留《ざいりゅう》するすべての外国人は一定の「在留資格」を持たされ、資格に応じて「活動」が制限されます。また、在留の「期間」が定められ、「延長」が認められなければ在留は許されません。「資格外活動」を行なった者や、在留期間を過ぎた「不法残留《ふほうざんりゅう》」者は本国に「退去強制《たいきょきょうせい》（強制送還《そうかん》）」させられます。

活動に制限のない在留資格は「永住者《えいじゅうしゃ》」のほか、日本人や永住者の「配偶者等《はいぐうしゃ》」、それに「元日本国籍者の子」など。在留期間に定めのない者は「永住者（特別永住を含む）」のみです。しかし「永住者」もまた、一定の条件をはずれると退去強制の対象になります。いかなる外国人も日本に安住《あんじゅう》することはできない――これが入管法の

不法残留

これは政府や司法の用語ですが、国際法に照らしてすべてが不法なわけではありません。そこで本書では以後、これを超過在留、または超過滞在と呼んでいます。

基本的な発想なのです。

日本にくる外国人は原則として日本のビザ（入国査証《にゅうこくさしょう》）を受け「在留資格」を手に入れなければなりません。観光などの「短期滞在」ビザのほか「興業」「技能」「留学」「研修」などのビザがありますが、「単純労働」が可能なビザはありません。日本はなお、単純労働者の入国を認めていないのです。

「日本の国益《こくえき》」にかなう外国人だけを利用しようという入管法の発想は、諸外国からみれば「日本のエゴ」にほかなりません。それはどんな日本人が、何をしに外国へ行っているかを考えてみれば、すぐにわかることです。

ところで難民は国際条約による地位なので「日本のエゴ」が通じません。認定《にんてい》されれば活動制限も在留期限もなく、退去強制もされません。そこで日本は認定を法務大臣の裁量《さいりょう》とし、「経済難民は認めない」など、大臣の胸ひとつで難民認定を否認し、本国への送還をしています。また、大臣裁量で認定の取消しができるため、人権が守られているとはいえません。

難民認定の厳しさ、難民の子や家族の権利などで、いずれ国際的な非難を浴びることになるでしょう。

朝鮮・台湾人への入管法の適用

日本政府は戦後一貫して在日朝鮮人・台湾人を入管令・入管法の対象にしてきまし

入国管理センター

「不法滞在」者や不法入国者（難民申請中の難民を含む）など、退去強制を待つ間の大型収容施設が全国に三つある入国管理センター（東日本、西日本、大村）です。監獄ではないのですが収容所の運営は過酷で、評判はよくありません。面会は可能なので、それを利用し、外部から監視していくことも必要です。

『難民を追い詰める国』緑風出版、二〇〇五年

た。治安管理の対象者とみなし、意に沿わぬ者を追放《ついほう》しようとしたのです。かつて乱発された退去強制もそうでした。一九八五年、外国人登録の指紋《しもん》を拒否した人びとに「再入国許可（日本に帰ってこられる、という保証）」を認めないという報復《ほうふく》措置をとったのもそうでした。

入管法はこうした暴力的なことを恣意的《しいてき》に行なうことができる法律なのです。

しかし、在日朝鮮人・台湾人は日本に生活拠点《きょてん》を持った人たちです。海外へ旅しても、日本に帰ってくる人たちなのです。その「帰国」を許さず「本国」に強制送還するのは人道上、あまりにひどすぎます。

「パパが行ってしまった時、もうパパの姿が見えなくなったときは、なんともいえないつらい気持ちで、こんな悲しい別れをしたのは初めてです」

退去強制令を受けた朴煥仁《パクホアンイン》さんの娘・ユミちゃんが書いた手紙の一節です（風媒社刊『パパをかえして』）。親と子が、夫と妻が引き裂かれる、こんな悲劇は一九八一年まで続きました。その後、韓国政府が引取りを拒否。送還は不可能（それでも数人の送還者がいる）になっています。

在日朝鮮人・台湾人を一般外国人と同様に扱おうとしてきた日本政府も、長い間「別に法律で定めるまで」在留資格・在留期間を限定しない地位を認めざるを得ません（法律一二六号）でした。これを「永住者」の中に組み込んだのが一九九一年に制定された入管特例法（日本国との平和条約に基づき日本の国籍を離脱《りだつ》した者等の出入国管理に

関する特例法）です。

　退去強制について比較してみると、一般外国人の場合は資格外活動や不法残留のほか、禁錮《きんこ》一年以上の刑に処せられた者が対象になります。外国人登録法違反の場合は一年未満の禁錮刑でも強制送還ですし「法務大臣が日本国の利益または公安を害する」と認めれば、それだけで強制送還の対象にされるのです。

「永住者」や入管特例法による「特別永住者」が退去強制の対象になるのは無期《むき》または七年以上の懲役《ちょうえき》・禁錮（外患《がいかん》・内乱《ないらん》・麻薬取締法《まやくとりしまりほう》違反の場合は禁錮以上）の刑に処せられた者に限られています。それでも、退去強制の可能性に見張られている点にちがいはありません。永住者に強制送還の可能性を残すのは不当なのです。

Q16 難民（ボートピープル）ってどんな人たちのことですか？

ときどきテレビでボートピープルの日本漂着がニュースになります。気の毒に思うのですが、政府は追い返している様子。たすけてあげられないのですか。

「ぜひ、日本に定住《ていじゅう》させてほしい――マレーシア最大のベトナム難民《なんみん》施設、ビドン島に、日本へ積極的に定住したがっている元留学生や日系企業の元従業員ら七家族十数人がいることがわかった」

「これまでわが国に上陸した難民は約一九〇〇人。このうち一三〇〇人が米・仏・加などの受け入れ国に出国《しゅっこく》、二人が死亡、日本へ定住が決定したのは九州に住むロイさん一家の三人だけ。国連《こくれん》の調べによると、ベトナムを含むインドシナ難民の数は二〇万人から三〇万人に達している」

一九七九年五月五日の『朝日新聞』の記事から拾ってみました。この前後、私の切抜き帳は難民問題で溢れます。

それまで日本は「国土が狭い」ことを理由に、祖国《そこく》を捨てた外国人（亡命者《ぼうめいしゃ》、難民、避難民《ひなんみん》、流民《るみん》、移民《いみん》）の入国を一切拒んできました。第三国への移送《いそう》を希望し、その国が受け容れる場合だけ、一時的に入国を認めてきただけです。

しかし、欧米では第二次大戦直後に続発した東ヨーロッパの社会主義革命を契機に、大量の政治亡命者や政治難民が発生。人道上からも思想上からも受け容れる必要に迫られました。一九五一年に国連が採択した「難民の地位に関する条約」がそれです。

また、条約締結直後から、イスラエルとアラブ諸国との対立が深まり、大量のパレスチナ難民が生まれることになります。イデオロギー対立と革命による難民を旧難民、民族・宗教戦争による難民を新難民と呼ぶこともあります。新難民を受け容れるため、国連は一九六七年に「難民の地位に関する議定書」を定めました。

だから、私がこの本で「国連難民条約」と呼んでいるものは一九五一年の条約と六七年の議定書の両方を意味しています。ほとんどの国が両者をセットにして批准《ひじゅん》しているので、まとめて呼ぶことができるのです。

しかし、この段階ではなお、日本は対岸の火事として高見の見物を決めこんでいました。「日本民族以外の血は一滴たりとも入れないのだ」という決意に凝《こ》り固まっていたのです。

ところが、一九七五年、インドシナに大パニックが起こってしまいます。ベトナム戦争でアメリカを支持したカンボジアのロンノル政権が、ポルポト派によって倒され、プノンペンに二〇〇万人の戦災避難民が溢れました。

続く南ベトナム・サイゴン政権の崩壊、親ベトナム派ヘンサムリン政権によるポルポト派追放、中越戦争………。インドシナは戦乱に次ぐ戦乱で、生活基盤そのものが崩壊するに至ったのです。遠因にはアメリカの焼土作戦によるベトナムの農業基盤の解体や、軍事援助の引揚げに伴う都市経済の壊滅がありました。複合《ふくごう》難民の出現です。

インドシナ難民は陸路でタイやラオスに渡った者が八〇万人、カンボジアの難民収容所に避難した人が七五万人、海路でマレーシア、香港《ほんこん》、インドネシアなどへ脱出した者が五〇万人ほどいます。この、海路で脱出した者をボートピープルと呼んでいますが、フィリピン、シンガポールのほか、日本や韓国にもやってきました。ここに至って、日本も重い腰を上げざるを得なくなったのです。

当初、日本はあくまでも「汗を流さず、金を出す」国際貢献《こくさいこうけん》でお茶をにごそうとしました。難民受容れを拒んだまま、東南アジアの難民収容施設に資金援助することで国際非難をかわそうと企てたのです。

しかし、一九八一年、日本もついに国連難民条約を批准。人権《じんけん》国家への飛躍が期待されました。ところが、インドシナ難民は複合難民で、条約による定義《ていぎ》難民は少ないのです。そのため、日本はいまもボートピープルの難民認定を拒み続け、「難民ではない」として逮捕《たいほ》・勾留《こうりゅう》したり「経済難民は受け容れない」として強制送還《きょうせいそうかん》したりしています。

世界が取り組んでいる難民問題とは国連が定義した新旧難民ではなく、その後に出

申請中の難民の処遇

難民申請中の政治難民を、不当な扱いを受ける可能性のある本国に送還する、というとんでもない暴挙をやってきた日本ですが、二〇〇五年、申請中の難民の送還をやめました。国際世論や運動の成果です。もっとも、この裏には将来予測される（?）朝鮮半島からの大量難民の一時収容を合法化しておこうとする姿勢もうかがわれ、手放しで喜ぶわけにはいきません。

現した複合難民なのです。インドシナ難民、南アジア難民、クルド難民、そして東欧《とうおう》難民……。世界はまた、その解決を迫られているのです。

移動を強いられる複合難民

祖国《そこく》を捨てた外国人には亡命者、難民、避難民、流民、移民といった人たちがあります。それぞれ区分はありますが、国際的な政争が増えるにつれて、難民の定義が拡大して、避難民や流民、さらには移民をも呑み込むようになっています。

国連などでも最近の複合難民を戦争や政争、飢饉《ききん》や災害、大規模開発などで「移動を強いられた人びと」として理解し、救済しようとしています。

一方、国連人権条約における定義難民というのは「人種・宗教、政治的意見、特定の社会集団の構成員であることなどにより迫害を受ける、充分に根拠のある恐れのために、国を離れる人びと」を指します。これを限定的に解釈すれば、難民認定を亡命者のような特定個人に絞り込むことも可能です。日本政府のやり口はまさにこれです。

難民認定制度がスタートしてから九カ月後の一九八二年十月、日本はやっと五〇〇人の申請者《しんせいしゃ》（当時、日本には二〇〇〇人のインドシナ難民が居住していたが、制度の厳しさから四分の三が申請そのものを断念している）中二六人を初めて認定しました。その人たちをみると、全員が元南ベトナムやカンボジア・ロンノル政権下の軍人・公務員とその家族。政権崩壊前から日本にいた人たちを除けば、みんな旧政権の身分証明書などを所持している人たちでした。

いま現在も日本は複合難民を一切受け容れていませんが、これは世界の趨勢《すうせい》とは異なるものです。日本が強制送還を繰り返している「経済難民」にしても、経済的利益を求めて移動する移民ではなく「移動を強いられた」出国であれば難民として扱うことが必要なのです。

Q17 外国人登録と指紋押捺の歴史を知りたいんですが……

在日外国人は日本で生まれた人でも外国人登録をさせられ、ひどい扱いを受けていると聞きます。どうしてこんなことになったのでしょうか。

最初の外国人登録令《がいこくじんとうろくれい》は一九四七年五月二日に発令《はつれい》されました。新憲法施行《しんけんぽうせこう》の前日のことです。五月三日以降、法律は国会の議決を経て制定されますが、この日までは政府が一方的に天皇の命令という形をとって法令を押しつけることができたのです。

このため、外国人登録令は最後の勅令《ちょくれい》になったわけですが、駆け込みで制定された理由は明らかです。在日朝鮮・台湾人を「外国人とみなす」措置を、なにがなんでも実行したかったからです。

「外国人登録をしなければならない、と聞いたとき、私は同胞《どうほう》たちが嫌《いや》がっていた戦前の協和会手帳《きょうわかいてちょう》を思い出しました。抵抗があって、反対運動にも加わりました。でも、登録証がないと食糧の配給がうけられない、とか日本人も似たような登録をする、といった風説があって、やむなく登録に応じたんです」

指紋押捺《しもんおうなつ》の拒否第一号となった韓宗硯《ハンジョンソク》さんに聞いた話です。この登録が成功すると、すぐ次のステップが待っていました。

『指紋拒否者が裁いたニッポン』社会評論社、一九九〇年刊

朝鮮・台湾が独立し、戦前のように戸籍《こせき》情報が交換できなくなった日本は、在日朝鮮・台湾人の管理に、満州《まんしゅう》で培った指紋技術を適用しようと考えます。

一九五二年四月二十七日、サンフランシスコ講和条約が発効したその日に、外国人登録法が施行されました。このとき、指紋押捺の義務が登場したのです。しかし、在日朝鮮人の激しい抵抗をうけて、指紋押捺の制度は三回も延期されます。

実施されたのは一九五五年四月二十七日。翌年は登録証の大量切替え（当時は三年ごとに切り替える制度だった）年に当たるので、その前に実施してしまおう、というのが政府・法務省の秘策だったのです。

当初は押捺拒否の闘いもありましたが、警察による厳しい弾圧によって、次第に抑え込まれてしまいます。警察による弾圧は次に、外国人登録証を携帯《けいたい》しない者に向けられます。常時携帯義務違反（不携帯罪）だ、というわけです。

一九六三年には、警察官が授業中の教室に侵入し、生徒の目の前で女教師を常時携帯義務違反で連行する、という事件さえ起こっています。

常時携帯義務違反以外にもさまざまな弾圧があります。韓さんは新婚時代に伴侶《はんりょ》のトラブルに遭遇しています。台風で旅先に足止めされたおかげで、彼女の登録切替えが二日遅れてしまったのです。東京・新宿《しんじゅく》区役所はこれを新宿警察署に告発。警察は乳飲み子を抱えた彼女を一日中取り調べました。その上、十指の指紋を採り、写真撮影をし、「登録法違反は国法に弓ひく者だ」とおどしたのです。

『ひとさし指の自由』社会評論社、一九八四年刊

一九八九年には、朝鮮学校の先生が住所変更を怠っただけで一〇〇人の機動隊が出動、学校に踏み込んでいます。日本人が住所変更を怠った場合、四万円以下の過料《かりょう》（行政罰なので警察は関与せず、前科《ぜんか》にもならない）ですむが、外国人の場合には一年以下の懲役《ちょうえき》もしくは禁錮《きんこ》または二〇万円以下の罰金《ばっきん》（刑事罰なので警察に取り調べられ、前科になる）なのです。住民登録と外国人登録とはこんなにも違うのです。

「子どもたちには、こんな思いをさせたくない」子どもの指紋登録年齢（当時十四歳、現在十六歳）が近づいた一九八〇年九月十日、韓さんはそう決意して、指紋の押捺を拒否しました。新宿区役所でのことです。これが指紋制度定着後の拒否第一号。おなじ年、北九州でも拒否者が現われました。名前の民族読《みんぞくよ》み訴訟《そしょう》（別名「一円訴訟」）で知られている崔昌華《チオエチャンファ》さんです（↓Q26）。

以後、拒否への賛同者が続出し、心ある日本人も拒否者を支援しました。中には指紋を採る側の自治体職員も含まれています。

この闘いは指紋押捺拒否という行動を端緒にして盛り上がったものですが、指紋廃止だけを目指したものではありませんでした。常時携帯制度の廃止、重罰規定の廃止を含む「外国人登録法の抜本改正《ばっぽんかいせい》」を目指した闘いだったのです。

一九八二年十月、政府は外国人登録法の一部改正に踏み切りました。最初の登録年齢を十四歳から十六歳に引き上げ、三年ごとの切替えを五年ごとの切替えに延長する、というもの。一見、運動に理解を示した前向きの改正に見えるため、法案は全会一致

で成立しました。

ところが、この改正によって、指紋押捺の機会が二年間消滅したのです。これは指紋を拒否する機会も二年間延期になったことを意味します。政府は手に入れた二年間のモラトリアムを利用して、外国人登録のコンピュータ化を実施しました。と同時に、拒否者を弾圧して、運動の鎮静化をはかりました。弾圧のひとつは拒否者に再入国許可を与えず、帰国を保証しないことで、本国《ほんごく》を含む一切の海外旅行を許さないというものです。警察が拒否者の逮捕に踏み切ったのも、弾圧のひとつです。

二年間のモラトリアムが終わり、最初の大量切替えが目前に迫っていた一九八五年五月、大阪府警の富田五郎外事課長は「日本の法律がなめられている。いやならお国へ帰ればよい」と発言。抗議を受けて撤回させられています。

こうして政府の運動つぶしは失敗。大量切替えはそのまま、大量拒否へとつながりました。その年の九月末日における拒否者の数は七四〇九名（『朝日新聞』調べ）にのぼりました。

問題は外登法の抜本改正に向けて、政府がどこまで誠意を見せるか、に移ります。一九八六年九月二十日、訪韓した中曽根《なかそね》首相は全斗煥《チョンドゥホアン》大統領と「指紋一回」案で一致をみました。指紋を押すのは最初の登録時の一回限りとし、切替えのたびに押させるやり方はやめる、というもの。これは翌八七年九月に国会で可決成立し、八八年六月から施行されました。

指紋押捺拒否者・韓宗硯さん追悼集会ビラ

拒否者の多くが「この〝改正〟では問題の解決にはならない」と反発。なお抵抗を続けます。政府も「譲歩して法改正をした以上、拒否者は断固制裁《せいさい》する」という立場を崩しません。しかし、なお残る四〇〇〇名を超す拒否者を制裁するのは困難で、頭を抱えます。

政府の行き詰まりを救ったのが昭和天皇《しょうわてんのう》の死去でした。一九八九年二月八日、臨時閣議で指紋拒否者に大赦令《たいしゃれい》を適用することを決定、制裁を放棄します。韓さんも最高裁で免訴判決《めんそはんけつ》を申し渡されました。

韓さんは最高裁の法廷でみずから「無罪《むざい》」を宣言。大赦に不満な拒否者たちは、大赦に抗議する国家賠償請求《こっかばいしょうせいきゅう》を大阪地方裁判所に提訴《ていそ》しました。

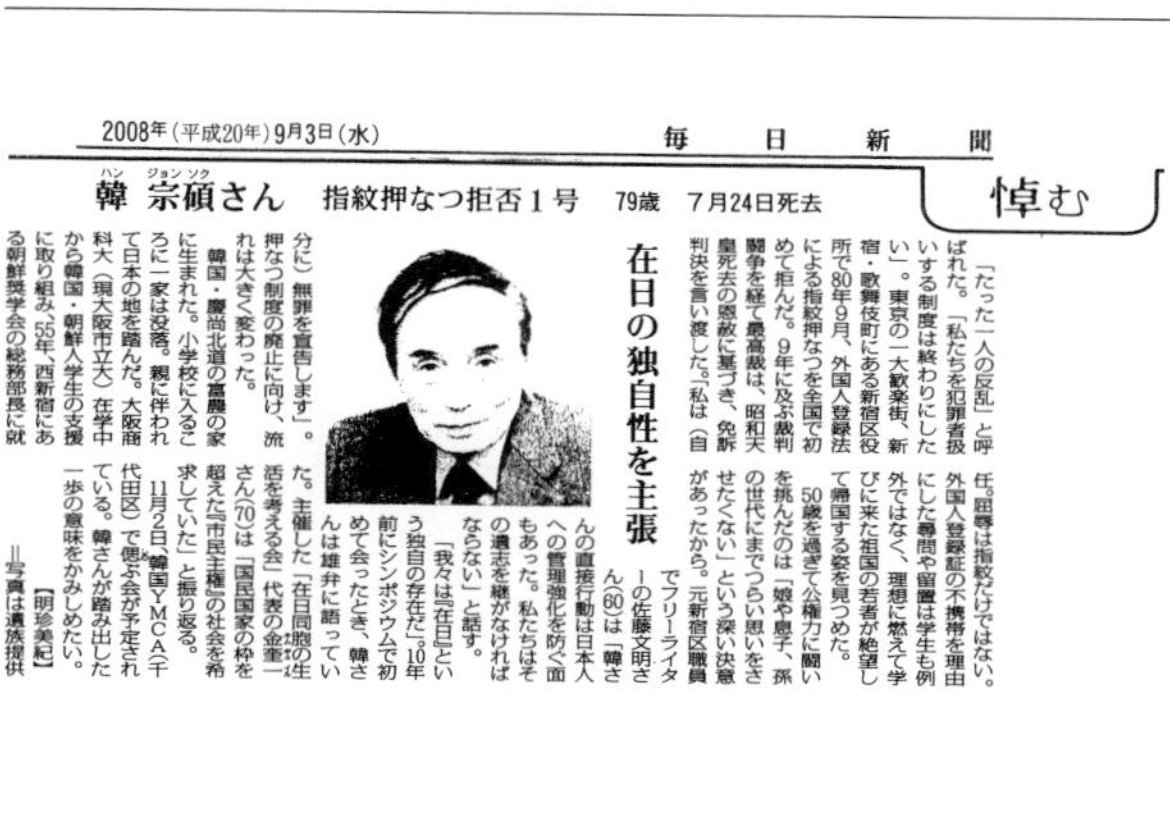
2008年（平成20年）9月3日（水）　毎日新聞

悼む

韓《ハン》 宗碩《ジョンソク》さん　指紋押なつ拒否1号　79歳　7月24日死去

在日の独自性を主張

「たった一人の反乱」と呼ばれた。「私たちを犯罪者扱いする制度は終わりにしたい」。東京の一大歓楽街、新宿・歌舞伎町にある新宿区役所で80年9月、外国人登録法による指紋押なつを全国で初めて拒んだ。9年に及ぶ裁判闘争を経て最高裁は、昭和天皇死去の恩赦に基づき、免訴判決を言い渡した。「私は（自分に）無罪を宣告します」。押なつ制度の廃止に向け、流れは大きく変わった。

韓国・慶尚北道の富農の家に生まれた。小学校に入るころに一家は没落。親に伴われて日本の地を踏んだ。大阪商科大（現大阪市立大）在学中から韓国・朝鮮人学生の支援に取り組み、55年、西新宿にある朝鮮奨学会の総務部長に就任。屈辱は指紋だけではない。外国人登録証の不携帯を理由にした尋問や留置は学生も例外ではなく、理想に燃えて学びに来た祖国の若者が絶望して帰国する姿を見つめた。

50歳を過ぎて公権力に闘いを挑んだのは「娘や息子、孫の世代にまでつらい思いをさせたくない」という深い決意があったから。元新宿区職員でフリーライターの佐藤文明さん(60)は「韓さんの直接行動は日本人への管理強化を防ぐ面もあった。私たちはその遺志を継がなければならない」と話す。

「我々は『在日』という独自の存在だ」。10年前にシンポジウムで初めて会ったとき、韓さんは雄弁に語っていた。主催した「在日同胞の生活を考える会」代表の金奎一さん(70)は「国民国家の枠を超えた『市民主権』の社会を希求していた」と振り返る。

11月2日、韓国YMCA（千代田区）で偲ぶ会が予定されている。韓さんが踏み出した一歩の意味をかみしめたい。【明珍美紀】

＝写真は遺族提供

韓さんの死を悼み、生前の活動を報じる『毎日新聞』二〇〇八年九月三日の記事

Q18 外国人にとって指紋廃止はなぜ喜べないんですか？

指紋押捺《しもんおうなつ》反対運動の成果で、定住外国人の押捺が廃止されました。ところが、除外された外国人ばかりか適用になった外国人も怒っているそうです。なぜですか。

指紋押捺《しもんおうなつ》を拒否する闘いは、もう指紋を採《と》ることができない状況を作り出しました。そうなって初めて、政府も指紋廃止を検討。「全外国人に対して廃止しなければバランスに欠ける」という声が、外務省・法務省の主流になりました。

これに反対したのは警察庁。「短期滞在《たいざい》外国人から指紋を採ることは治安《ちあん》対策上必要」という理由で、指紋全廃論を押し切りました。

指紋が廃止になったのは在日朝鮮・台湾人など、戦前からの日本居住者とその子孫（一九九一年に制定された「入管特例法」が「特別永住者」と呼んでいる人たち）、それに日本への永住権《えいじゅうけん》を持つ人たちだけだったのです。

しかし、この人たちが要求していたのは登録証の常時携帯《じょうじけいたい》制度や重罰規定を含む、外国人登録法の抜本的な見直しだったことは、前にお話ししたとおりです（↓Q17）。指紋廃止だけでは彼らの要求に応えたことにはならないのです。

また、定住外国人から指紋が廃止されたとはいえ、指紋に代わるものとして、コン

入管特例法
八一頁参照。

指紋の全廃
一九九九年の外国人登録法の改正で、ようやく指紋の全廃が実現しました（実施は二〇〇〇年四月一日）。しかし、求められていた抜本改正には程遠く、常時携帯や重罰規定はまだ残されています。

ピュータによって画像処理された顔写真、本人のサイン、家族の登録が新たに課されることになりました。これらが指紋よりもマシな登録であるとは、とても考えられません。

コンピュータ処理された顔写真は、無限に複製され、利用されうる情報です（一九七頁コラム参照）。オンラインの端末があれば、空港の入管《にゅうかん》でも、警察や交番でも取り出すことのできる情報です。それどころか、衛星通信を使えば世界中で交信可能な情報になるのです。同様のことはサインにもいえます。

コンピュータ技術の発展を見越して、日本が何を狙っているのか。私たちはその行《ゆく》方《え》を見定める必要があるでしょう。この技術がアジアや世界の人権《じんけん》にとって新たな脅威となることも、十分ありうることだからです。

ところで、写真とサインは指紋に代わる新技術です。では、家族登録制とはなんなのでしょうか。政府はこれも、指紋に代わるものだと説明しています。しかし、本当にそうなのでしょうか。次のQで、この問題を掘り下げてみましょう。

ともあれ、指紋に代わる三点セットの登録を定めた外国人登録法の改正案が成立し、一九九三年一月八日から施行《せこう》されました。人権に配慮した改正ではなく、あくまでも治安管理を優先した新法である以上、批判にさらされるのは当然です。現在もサイン拒否、家族登録拒否などの闘いが続いています。

外国人登録法のどこが変わったか

	運動側の要求	変更された内容
範囲	すべての外国人に対して	永住者・特別永住者に対してのみ
指紋	全廃	（上記の者について）全廃 ただし押捺を拒否している者は一度押捺
サイン		指紋の代わりとして新設（方法は政令）
家族事項登録		新設 本邦にある父母及び配偶者の氏名・生年月日・国籍 ※確認不要
常時携帯	全廃	従来どおり
重罰規定	住民票並みに軽減	（ほぼ）従来どおり ※結果的にサイン拒否に罰則が生まれ、指紋に比べ拒否しにくい構造になっている

朝鮮人減少下での入管特例法

一九八五年の国籍法《こくせきほう》改正は日本にとっての在日朝鮮人問題に大きな変化をもたらしました。それまで父からしか受け継がれなかった日本国籍が、母からでも継げるようになった。このことが韓国・朝鮮人を父とし、日本人を母とする子どもの運命を大きく変えたのです。

従来、この子たちは韓国・朝鮮籍の子で、日本人として母の戸籍《こせき》に入ることはありませんでした。ところが改正後は韓国・朝鮮籍のほか、日本国籍を持つ二重国籍者として、母の戸籍に入ることになったのです。

詳しくは後で説明しますが（→Q24）、この二重国籍者から韓国・朝鮮籍を捨てさせ、日本人にすることができれば、年々増加していた在日朝鮮人の数が急減します。その分、在日朝鮮人のマイノリティーとしての権利も弱まらざるを得ないのです。

日本政府はこれまで、国内の少数民族を認知し、その権利を保障するのが嫌《いや》なため、単一民族国家論《たんいつみんぞくこっかろん》を主張し、在日朝鮮人に対しては「日本に同化《どうか》するか、さもなければ帰れ」という、〝帰化《きか》か追放《ついほう》〟政策を推し進めてきたのです。

しかし、在日朝鮮人の絶対数が急減を示し始めるとともに、余裕を見せ始めました。また、一九八〇年代後半からのバブル景気で、労働力不足をきたし始めると、3K職場における有用な労働力として、日本語のできる定住者《ていじゅうしゃ》が注目を集めます。入管特例法によって特別永住者の処遇《しょぐう》が向上したことの背景にはこうした状況があったのです。

急減する在日韓国・朝鮮人

国籍法改正前、日本で生まれる外国人の数は毎年一万人を超えていました。が、改正後はほぼ半減しています。外国人父と日本人母の子も日本人として計算されるからです。

朝鮮人に限っても同様で、九〇〇〇人を超えていた出生数が五〇〇〇人を割り込むようになっています。日本で朝鮮人の人口を維持するには年に七〇〇〇人ほどの出生数が必要で、これを割り込むと急速に減少を始めます。

つまり二重国籍の子どもたちを日本国籍に追い込むことができれば、目の色を変えてまで「帰化か追放か」を迫る必要はない、というわけです。

です。

入管特例法にもなお、特別永住者の退去強制《たいきょきょうせい》（強制送還《そうかん》）事由《じゆう》が残っています。完全な永住権、定住権を認めず、外国人を追放する国家の主権《しゅけん》は手放そうとはしていません。

しかし、特例法の全体構成を見る限り、これは追放のための法整備ではない、といえます。おそらく、平時《へいじ》の強制送還を想定したものではなく、東アジアの動乱に対処したものです。このことは、従来の日本の在日朝鮮人に対する〝帰化か追放〟政策がいくぶん修正されたことを意味します（一三六頁コラム参照）。

「絶対数が減少するなら日本にいてもらってもけっこう」「権利要求を抑え込めれば、人手不足の日本にとっても有用な人材ではないか」と、そうした姿勢に転換したのです。

入管特例法の登場は、特別永住者の地位を少し高めました。が、しかし、その一方で在日朝鮮・台湾人の戦前以来持ち続けてきた特殊な立場は定住外国人の権利一般に吸収されてしまいました。日本国籍の確認や、国籍選択の可能性はいっそう遠退《とおの》いたというほかはありません。

指紋制度の合憲判決

一九九五年十二月十六日、最高裁は指紋を拒否したアメリカ人宣教師に対し「指紋《しもん》

外国人・重国籍子出生数

	日本における外国人の出生数		母を日本人とする重国籍子出生数	
	総　　数(人)	朝 鮮 人(人)	総　　数(人)	韓国・朝鮮人を父とする子(人)
1982年	11,520	9,370	——	——
1983年	11,651	9,467	——	——
1984年	11,789	9,363	——	——
1985年	5,798	4,838	4,913	3,540
1986年	5,932	4,864	4,770	3,365
1987年	8,017	6,727	4,480	3,039

押捺制度《おうなつせいど》は合憲」とする判断を下しました。この人は日系三世のロン・フジヨシさん。ロンさんは在日韓国・朝鮮人の置かれた差別状況に抗議。ともに運動を担《にな》っていた人です。

しかし、韓国・朝鮮人への指紋が免除され、制度に対する批判が弱まったのを見て、このような判決を下したのです。政府のやり方を追認《ついにん》し、合理化する日本の司法のひどさが、よく表われた判決だと思います。

指紋制度復活の動き

9・11同時多発テロを名目に、国際的な反テロ対策の一環としてアメリカが各国に要請しているのが外国人の入国時の指紋採取。日本政府はこれに応えて、二〇〇七年十一月以降、入国時の外国人からの指紋採取と顔写真撮影を義務づけています。ヨーロッパ（イタリアを除く）やアジア（知識人層）では反発が大きく、アメリカへの頭脳流出が止まったといわれます。追従した日本も見捨てられる可能性があります。

Q19 新設された家族登録制とはなんですか？

指紋に代わって登場した家族登録にも反対する人がいるそうです。指紋の代用である以上、問題がありそうだとは推測できますが、なぜだかわかりません。

家族登録制《かぞくとうろくせい》は当初「外国人戸籍《がいこくじんこせき》」という言葉で登場してきたものです。しかし、いつの間にか「家族登録制」という言葉に変わりました。変わった理由はおそらく「戸籍」が持つ差別性《さべつせい》が在日の人びとにも理解され出したため、刺激するのを避けようとしたのでしょう。それと、戸籍の生命《せいめい》は氏《うぢ》をとおして人びとの血統《けっとう》を管理することにあるので、外国人の氏は日本政府の管轄外、完全な管理には限界があるためでしょう。外国人を完全な戸籍で管理することはできない、ということです。

今回の家族登録制は指紋《しもん》に代わるものとして登場してきましたが、それは単なる口実です。この国は人びとを戸籍で管理しようとする強烈な欲望を持っています。それは在日朝鮮・台湾人に対しても同じことなのです。

ただし、戦後、日本は韓国・台湾本土の戸籍情報を失ってしまいました。また、在日の朝鮮・台湾人は単身者移民《たんしんしゃいみん》が多く、戸籍支配の前提である家族・親族《しんぞく》の形成（家族・親族による相互監視《そうごかんし》）がなく、定住化《ていじゅうか》していませんでした。この事情は中国東北部

（満州《まんしゅう》）と同様で、戸籍よりも指紋による管理を余儀なくされてきたのです。

　そのため、この国の欲望は二つの流れになって展開されます。ひとつは、戦前のように韓国・台湾との間での戸籍情報の交換を実現すること。もうひとつは、在日朝鮮・台湾人が定住化し、家族、親族を形成するにつれて、その登録を要求することです。

　前者について、日本は戦後、在日朝鮮・台湾人の戸籍上の届出書類を、保存期限を超えて保管しています。戦前ならそれぞれの総督府《そうとくふ》へ送るべき届書なので、他の外国人の届書とは区別して保管しているのです。戦前のように戸籍情報が交換できる日を待望してきたのです。

　後者について、外国人登録は個人単位の登録であることを原則としています。ところが個人の登録原票には「世帯主《せたいぬし》」の記載欄があって、世帯主との「続柄《つづきがら》」を記載するようになっています。これは原則の逸脱です。

　外国人の中には「世帯主」観念を持たない人も多く、「主」を置くことは差別だとして廃止した国（アメリカ）もあります。ましてや、世帯主との「続柄」など、日本的な差別の発想で、外国人には馴染《なじ》みません。

　解放《かいほう》後も日本が持ち込んだ戸籍制度を捨てなかった韓国でさえ、創氏改名《そうしかいめい》によって変えられた姓名を元に戻し、「長男、次男………」といった差別的な続柄を廃止して、すべて「男、女」に統一しています。外国人登録を通じて、これらの差別観念が外国人にも植え込まれるとすれば、これは明らかに不当なのです。

また、各自治体は「行政の便宜上」と称して、世帯主の登録原票の裏に「家族欄」を勝手に設けて、同一世帯に暮らす世帯員の一覧表を作っていました。これは日本の行政が世帯を単位に行なわれることが多いことと、世帯を証明する住民登録(住民票)が外国人を締め出しているため、必要になった「便宜」なのです。「家族欄」を設けなくても、世帯単位の行政を見直すか、外国人を排除した住民登録を見直せば解決できる問題だったのです。

しかし、一九八一年の外国人登録法の改正で、便宜上の「家族欄」は法律上の記載事項になりました。また、翌八二年の改正で、これらの記載事項はすべてコンピュータに入力されることになったのです。

このように定住外国人の家族・親族情報の登録も着々と進んでいたのです。しかし、この「家族欄」はなお、現実に同居《どうきょ》している親族の登録で、日本人の住民票に近いものです。同居していない親族の登録、これを実現したのが指紋登録に代わる家族登録制の導入なのです。

一九九三年一月に施行《せこう》になった外国人登録法施行令によると、登録を必要とする家族とは、日本に居住《きょじゅう》する父、母、配偶者《はいぐうしゃ》、同居の親族および同居者、となっています。一見、一親等《いっしんとう》に限った狭い家族のように見えますが、コンピュータに入力されるので、広い親族のネットワークを再現することが可能です。

国際結婚に対する干渉

「日本人が勝手に親族として登録されるのは不当です」

そういう声を挙げている人たちがいます。在日外国人を敵視し、重国籍者を危険人物扱いする国はまた、外国人を親族に持つ日本人を、おもしろからぬ人物と考え、監視しようとします。戦前の日本はまさにそれ。警察は外国人を親族に持つ日本人リストを持っていました。これがコンピュータ・リストになるわけです。

政府のこうした姿勢は国際結婚に対する不当な干渉といえます。国際結婚に反対する口実を強めかねません。

また、外国人の親族であれば日本人も登録され、コンピュータにインプットされてしまいます。外国人登録法によって日本人が登録される、というのは奇妙なことです。

では、この家族登録制は何を狙って導入されたものなのでしょうか。

ひとつは、日本の社会立法が「家」制度の伝統である親族を頼っているからです。たとえば生活保護は扶養義務《ふようぎむ》のある親族が扶養できなくなって初めて発動されます。そこで役所としては同居の実態とは関係なく、親族を検索《けんさく》しようとするのです。

しかし、そもそも親族の相互扶助義務《そうごふじょぎむ》は新民法《しんみんぽう》の原案にはなかったもの。天皇制＝「家」制度＝戸籍の死守を図《はか》った反動グループによって挿入《そうにゅう》されたもので、新憲法《しんけんぽう》、民主主義《みんしゅしゅぎ》とは相容れません。必要なのは親族の検索ではなく、検索を要しない生活保護、社会立法の確立なのです。

二つ目の狙いは、重国籍者《じゅうこくせきしゃ》の検索《けんさく》です。父母両系制を認めた新国籍法は、同時に重国籍者の国籍選択《せんたく》制度を新設しています。二十歳になったら二年以内に国籍を選択させ、外国籍を選んだ者は日本国籍を失う、という制度です。世界に例のない重国籍者敵視制度なのです。

その場合、国は二十歳を過ぎた重国籍者に国籍の選択を促さなければなりませんし、二十二歳になっても選択しない者に対しては、選ばないと日本国籍を失う旨、催《さい》告《こく》しなければなりません。しかし戸籍簿に国籍欄がないため、重国籍者のピックアップができません。また、二十歳、二十二歳で選択の督促や催告を出すためには独自の名簿を作るか、コンピュータを利用するほかありません。戸籍簿は役に立たないのです。

家族登録制度は二重国籍者のピックアップを外国人登録側から可能にします。しかも、コンピュータ情報なので、タイムリーな督促《とくそく》や催告ができるのです。これによって国籍法の国籍選択制度は日本国家への忠誠《ちゅうせい》を迫る単なる精神条項ではなく、重国籍者を敵視追放する具体的な規制条項になろうとしているのです。私はこれを、世界の人権潮流《じんけんちょうりゅう》に対する挑戦だと考えています。

もう一つの狙いについては、また後ほど（→Q31）述べることにします。

Q20 ニューカマーってどんな人たちのことですか？

在日コリアンは皆「在日」かと思っていたら、「私はニューカマーです」といわれました。「外国人労働者」という言葉もよく使われます。違いは何でしょう。

商品の流通や資本の移動、交通や通信の発達によって、世界は限りなく小さくなっています。その一方で、貧富《ひんぷ》の格差は地球規模になって、南北問題《なんぼくもんだい》が深刻さを増していいます。この結果、貧しい国から富める国へと、仕事を求めて国境《こっきょう》を越える労働者が一九七〇年代以降、激増しました。

国境を越える労働者の流れの中で最大のものが、アジア・アフリカのイスラム諸国から中東湾岸諸国へと向かう流れで、五〇〇〇万人を超えるとみられています。

外国人《がいこくじん》の受け容れに厳しい姿勢をとっている日本にも、慢性的な仕事不足に悩むフィリピンやタイ、中国の人たちが一九八〇年代以降、目立つようになりました。これに湾岸戦争《わんがんせんそう》で行き場を失ったパキスタン、イラン、バングラディシュの人たちが合流。日本も一五～二〇万人の新渡来者《とらいしゃ》を抱えることになったのです。

湾岸戦争で湾岸から溢れた労働者は一五〇〇万人。日本にやってきたのはほんの支流にすぎません。それでも日本は大あわて。直面していた労働者不足の問題とあいまって、鎖国《さこく》か開国《かいこく》かの論議を呼び、「第二の黒船」とも称されました。この新渡来者を、それまでの定住《ていじゅう》外国人（オールドカマー）に対して、ニューカマーと呼んでいます。

鎖国派は建設関連の労働組合や国粋《こくすい》主義を掲げる民族《みんぞく》団体、開国派は日本経団連《けいだんれん》など雇用主や人権《じんけん》団体。しかし、開国といっても「まず登録《とうろく》。そしてローテーションに従ってお帰りいただく」（中曽根《なかそね》元首相）といった秩序ある開国（調整鎖国）論がほとんどです。そこで政府（外務、法務、厚生、警察）はこの「秩序」の合唱に便乗。開国をしないままで、管理だけを強める道をたどっています。

一九九〇年の出入国管理及び難民認定法《しゅつにゅうごくかんりおよびなんみんにんていほう》（入管法《にゅうかんほう》）の改正は、開国を求める海外の圧力に抗して鎖国を続けるとともに、就労《しゅうろう》許可制度を導入して、許可のない外国人を雇った場合の雇用者罰則制度を新設しました。

また、国内の労働力確保を求める声にも譲歩し、入国の間口《まぐち》を少し拡げました。研《けん》修《しゅう》を名目とする労働者受容れ枠の拡大、日系人《にっけいじん》の単純労働への就労受け容れなどがその目玉です。その結果、研修を名目とした中国人労働者、日系のブラジル人労働者、ペルー人労働者が、人手不足に悩む日本の産業を支えることになりました。

ニューカマーの特徴は、日本に仕事を求めてやってきた労働者である、ということです。しかし、日本は単純労働者の入国を認めていませんので、前記の例外を除き観光などの短期滞在《たいざい》を名目に入国するほかありません。また、例外として認められている留学生《りゅうがくせい》のアルバイトや芸能などの技能労働者にしても、在留《ざいりゅう》の条件が厳しいため、条件を逸脱《いつだつ》してしまう人が多くなります。

「ローテーションに従って、お帰りいただく」という、日本の都合だけを考えた調整鎖国は、けっしてうまくいっていないのです。その結果、日本の法律に照らせば不《ふ》法就労《ほうしゅうろう》、不法残留《ざんりゅう》状態になる人が多い。これもニューカマーの特徴だといえるでしょう。

ニューカマーは、これまで日本が直面した外国（西欧《せいおう》および東アジア）とは、またちがった文化を持ってきました。イスラム教という、ほとんど馴染《なじ》みのなかった宗教もそのひとつですし、エスニック料理のブームなどもその反映です。

文化のちがい、習慣のちがいから摩擦《まさつ》が生まれる場合もあるようですが、異文化との交流は豊かさを生むものです。日本人もそろそろ発想を入れ替えて、異文化を受け容れるダイナミズムを取り戻したいものです。

オールドカマーの問題は終わっていない

日本は一九九〇年の入管法《にゅうかんほう》改正、九一年の入管特例法制定、九二年の外国人登録《がいこくじんとうろく》法《ほう》改正によって外国人問題の中心課題をオールドカマーからニューカマーに置き換えたように見えます。定住外国人という新たな用語が登場し、一定の権利《けんり》を与えたのも、この変化に対応するものです。

しかしまた、これは在日外国人の間に新たな線が引かれ、いっそう緻密《ちみつ》な差別《さべつ》管理

ボランティアの弾圧

一九九九年の入管法の改正（改悪）で「不法滞在罪」が新設され、収容→退去という行政手段に、刑事罰が加わります。その結果、超過滞在者を助けた者にも幇助罪が適用されます。これは医療・居住・仕事など、外国人の生活を支援する日本人ボランティアに対する弾圧です。

平成19年末現在における在留資格の割合

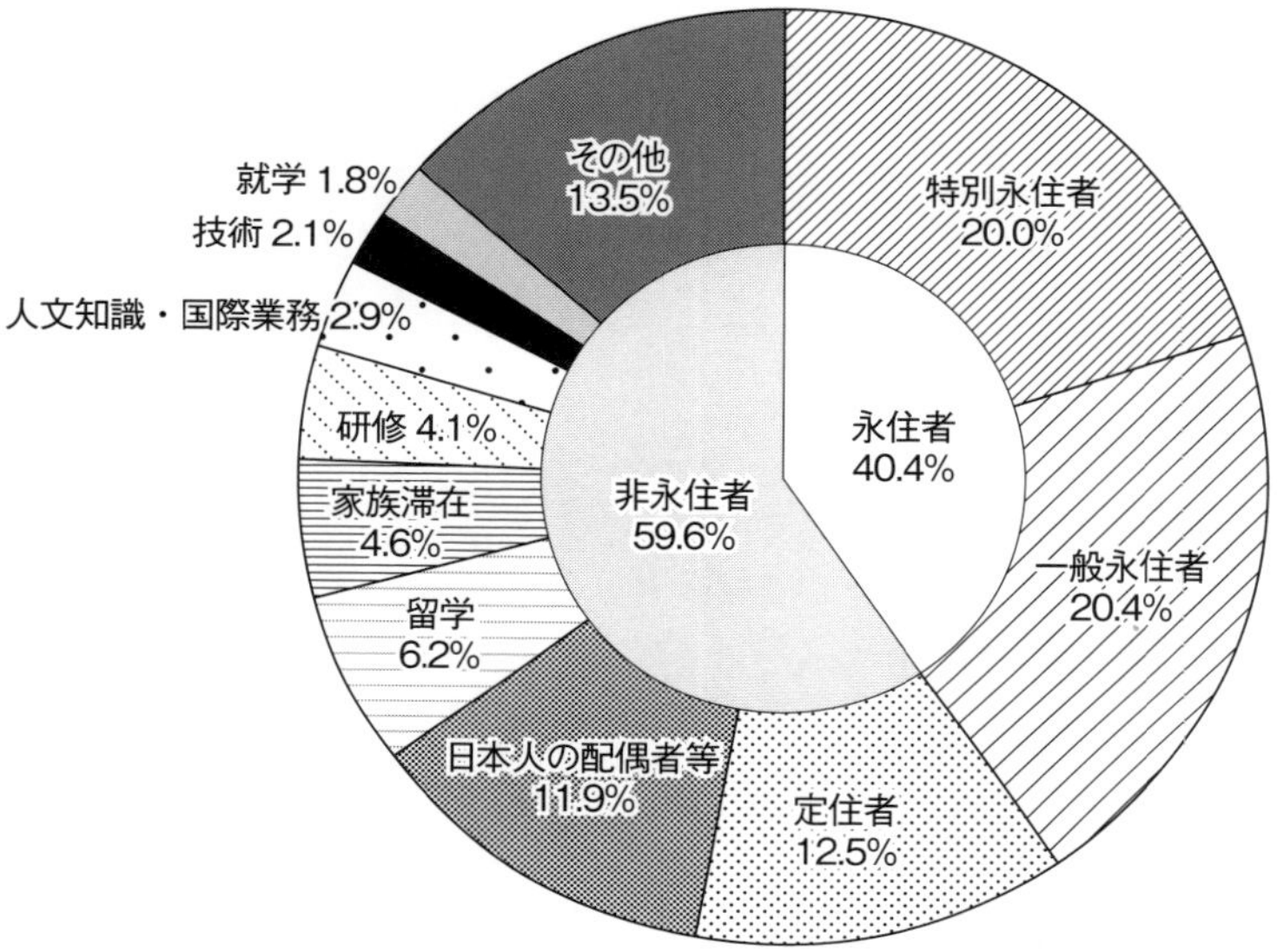

注）各項目における構成比（%）は表示桁未満を四捨五入してあるため、構成比の総計は必ずしも100とはなっていない。

主要な移民の年間の流れ

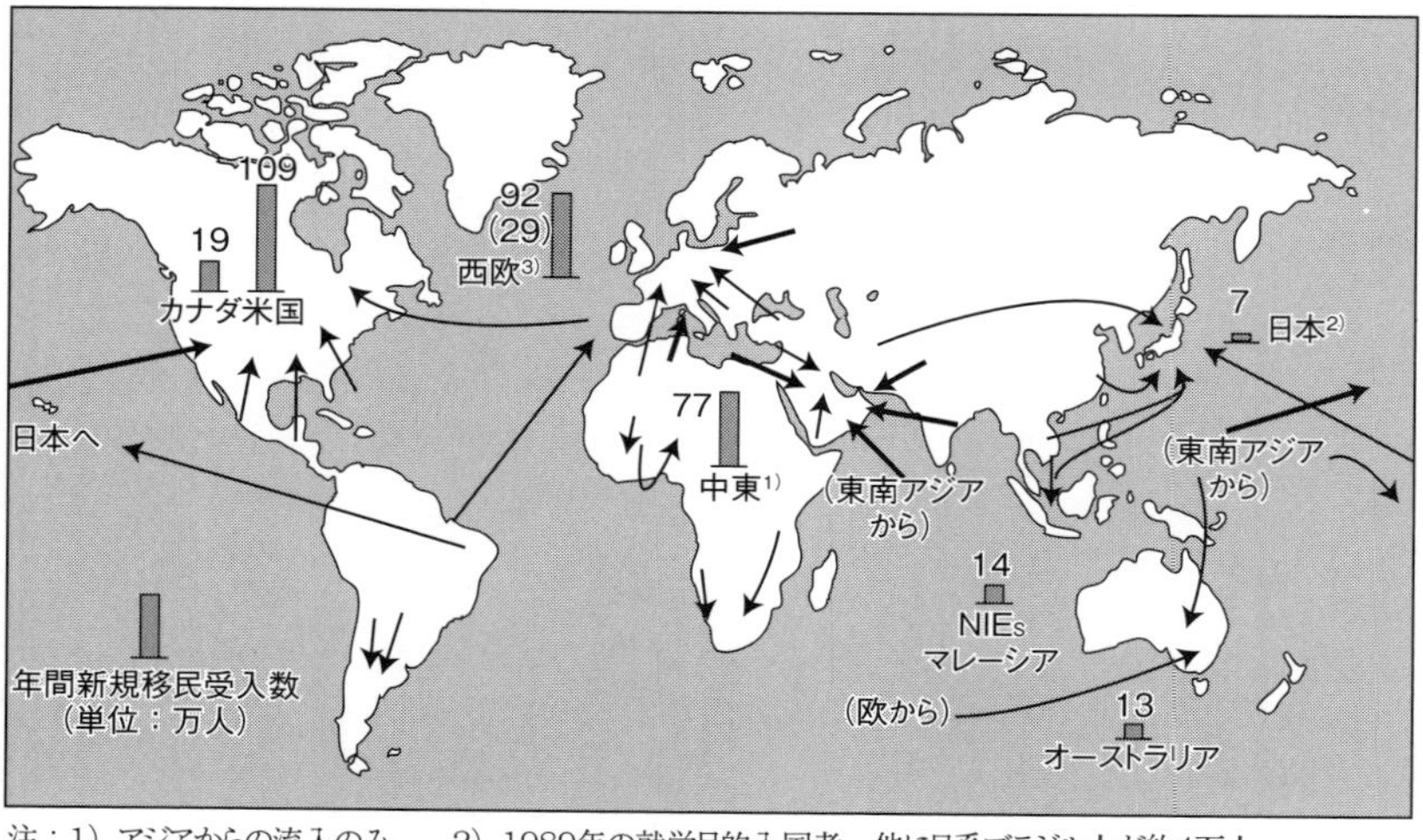

注：1）アジアからの流入のみ。　2）1989年の就労目的入国者、他に日系ブラジル人が約4万人。
3）（　）は庇護請求者で外数。
4）年間10万人以上の流れが確認できるものについては、太い矢印で示している。
出典：労働大臣官房国際労働課 1992

が始まったのだ、と見ることもできます。

いずれにしても日本は、在日朝鮮・台湾人の人権《じんけん》を脅《おびや》かし続けた入管問題（出入国管理と外国人登録）を真正面からとらえ返し、異民族・異文化の受け容れを決断することもないままに、定住外国人という新たなカテゴリーの中に封じ込めてしまいました。そのため、おなじ問題がニューカマーに引き継がれることになってしまいました。

在日外国人の問題はいまもなお、在日朝鮮・台湾人問題として存在しています。彼らの人権保障、少数民族としての尊重が実現しない限り、ニューカマーの人権問題は解決の見えない問題として残り続けることでしょう。

在日朝鮮・台湾人問題は終わった、とするような政府の姿勢に振り回されることなく、歴史に足場を据えた在日外国人問題を考えていきたいものです。それはまた、日本人自身の人権と可能性とを問うことでもあるはずです。

開国反対論に対する反論

日本の開国に反対する論理には、日本人の仕事が奪われる、日本人の賃金が低下する、日本の文化が乱れる、犯罪が多くなる、行政の負担が増える、といったものがあります。これらはいずれも経済大国として世界に進出している日本にとって、当然負担すべきものですが、問題にすべき負担の内容もあいまいで、それ自体がいたずらに差別をあおるものばかりです。

入国者の国・性・年齢別構成

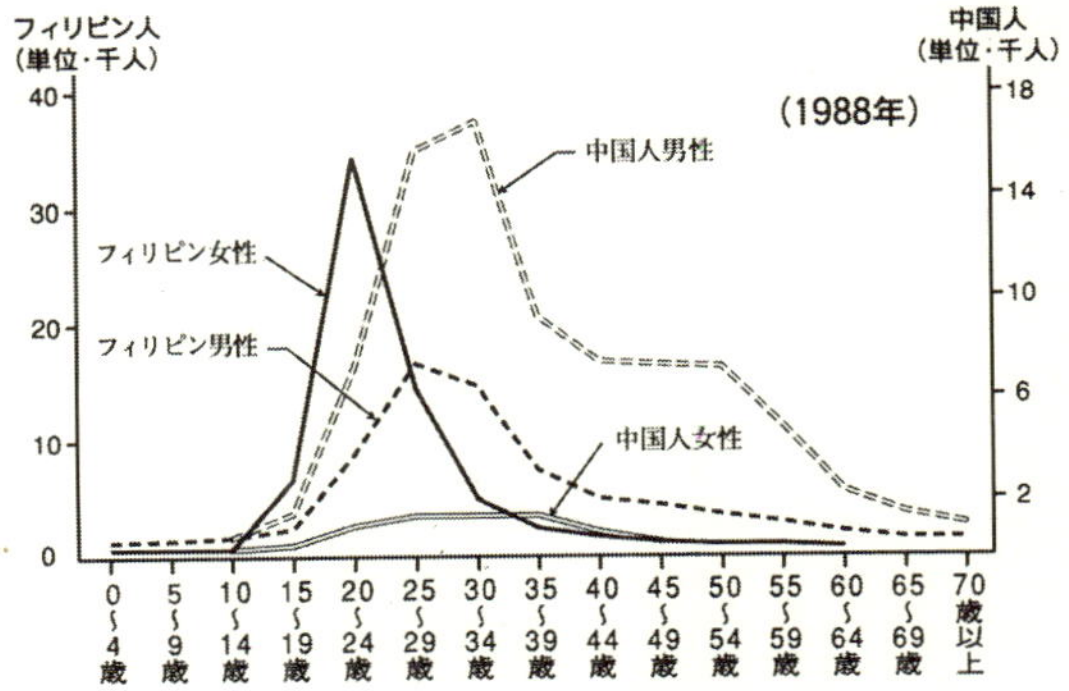

若いフィリピン女性、働き盛りの中国人男性が際立って多いことがわかります。日本に都合よく、アジア人を集めているように見えます。

〔注〕アジア太平洋資料センターより。

一方、良心的な人びとの中にも鎖国論に近いものがあります。「人は本来、母国《ぼこく》で暮らせるのが理想」「日本が外国人労働者を受け容れれば、本国の労働環境や地域社会が破壊されてしまう」「開国は日本の勝手なご都合主義」というものです。

この主張は日本の開国が秩序ある開国（調整鎖国）である以上、そのとおりで、開国は世界の若くて最も効率の良い労働力を奪い取って、送出し国を破壊する可能性を持つものです。ブラジルの日系《にっけい》社会が破滅に瀕しているのも事実です。

しかし、それだから開国はいけない、という結論にはなりません。一九六〇年代、日本の底辺《ていへん》労働を支えていたのは東北地方の出稼《でかせ》ぎ労働者でした。彼らの惨状には言語に尽くせぬものがありますが、だからといって、出稼ぎはいけない、禁止すべし、とは誰にもいえません。両者はたかだか県境《けんきょう》を越えたか、国境《こっきょう》を越えたかだけのちがいなのです。

ちなみに日本はこれまでも技能労働者の受け容れをしています。より効率的で、役に立つ人間（離島《りとう》の医師など、外国人が増えている）をスカウトし続けているのです。こういうツマミ食いをしている現状のほうが、いっそう許し難いことではないでしょうか。

インドネシアから介護士

二〇〇八年、政府は経済連携協定を結びインドネシアの看護士・介護福祉士（候補生）の受け入れを開始（目標は年間一〇〇〇人）し、深刻な人手不足（賃金を上げれば解消するはずだが）を補おうとしています。しかし、看護士は三年、介護士は四年以内に国家試験に合格しなければ帰国させられる、というもので、国家間での人買い（労働力の売買）に近いといえます。

Q21 強制送還ってどんな手続きなんですか？

「強制送還」という言葉も、飛行機に乗せられるシーンも、どこかオドロオドロしく、悲しいものです。どうしてあんなことになるのかわかりません。

強制送還《きょうせいそうかん》――法律では退去《たいきょ》強制と呼んでいますが、むりやり本国《ほんごく》（日本政府がみなす国なので、台湾→中国、朝鮮→韓国という問題が発生する）へ送り帰すので、送還というオドロオドロしい呼び方が一般化しているのでしょう。

入管法《にゅうかんほう》を運用し、外国人《がいこくじん》を管理するのは入国管理局で、他の一般の法律とはまったく異なっています。入管法に違反していると思われるケースはすべて各地の地方入管局へ通報されます。調査に当たるのは武器を携帯《けいたい》した入国警備官《にゅうこくけいびかん》。取調べには通訳も弁護士もつけられません。言葉の壁は深刻です。

入国警備官が退去強制に該当すると思ったときは地方入管局の入国審査官《しんさかん》の許可を受け、入国者収容所《しゅうようしょ》に身柄《みがら》を収容することができます。許可といっても身内《みうち》のことなので事実上はフリーパスです。

収容期限は三十日（三十日の延長が可能）。この間に入国審査官の再調査があります。面会《めいかい》は可能ですが、言葉は日本語と英語しか認められていません。退去強制が決まれ

カルデロン一家の運命

不法入国したフィリピン人両親の下、日本で生まれ育ち、日本語しか知らないカルデロン・ノリコさん（十三歳）が日本在留を希望。国連子どもの権利条約にある親子不分離の原則に反して、政府は両親の国外退去（拒めば退去強制）を迫り、〇九年四月十三日、ノリコさん一人を残し、帰国しました。かたくなな政府の姿勢はマスコミを含め多くの非難を浴びましたが、ノリコさんの在留にも不満な右翼が通学中の学校（蕨市）にまでデモを掛け、追放を

ば法務大臣の『退去強制令書（退令書）』が出されます。不満があれば法務大臣に対する異議申立《いぎもうした》てが許されていますが、裁判に訴えることはできません。

退令書が出されて強制送還が執行《しっこう》されるまでの間も収容所に収容されることがほとんどですが、その場合には別に『収容令書』が出されます。この収容には期限がありません。

退去強制に関しての法務大臣の権限は絶大で、異議申立てが出されていても送還の執行は可能です。また、処分の理由や中立てに対する説明も不要とされ、問答無用、切捨て御免がまかり通っているのです。これを法務大臣の自由裁量権《じゆうさいりょうけん》といっています。

また、自由裁量権は逆にも働きます。異議申立てを認め、送還を見送ることも、収容所から仮放免《かりほうめん》することも大臣の意思次第なのです。入管法の構造は人権《じんけん》上、許し難いものですが、外国人を不当な処分から救うためにはこれを使うほかはありません。

異議申立てが却下《きやっか》された場合には、『退令書』の発付処分《はっぷしょぶん》の取消しを求める行政訴《ぎょうせいそ》訟《しょう》を起こせます。提訴《ていそ》先は地方裁判所。もっとも、この間に送還されることがあるので、行政訴訟のほか『退去強制令書』の執行停止を申める仮処分を同時に提訴します。

異議申立てが認められない場合でも、法務大臣が認めれば日本に在留《ざいりゅう》することが可能です。これを特別在留許可または在留特別許可と呼んでいます（この場合の在留資格は「定住者」。期間も法務大臣が指定します）。こうした手続きを知らないと機械的に「退去強制」が執行されてしまいますので、日本人のサポートが不可欠です。

叫んだほか、デモに反対した市民が逮捕されるなど、ニューカマーに対するこの国の人権感覚が露呈する事件となりました。

送還は船または飛行機で随時《ずいじ》行なわれます。その際、自費出国を申し出ることが可能です。入国警備官は「自費で帰ったほうがトクだよ」と自費出国をすすめますが、これはある程度事実です。ビザを必要とする国の人で退去強制を受けた人は、最低一年間（九九年の改悪で三年に）は日本にやってこれません。ビザが取れないのです。

退去強制の原因として、いちばん多いのが不法入国・上陸で、全体の半分以上を占めています。ボートピープルが沿岸で発見され、そのまま送還されるのもこのケースです。

次いで多いのが不法残留《ふほうざんりゅう》（超過《ちょうか》在留）。両者を合わせると九五パーセントを超えてしまいます。資格外活動や刑罰法令違反《けいばつほうれい》などはごくわずかだ、ということがわかります。もっとも、不法残留者の九〇パーセント以上が不法就労者《しゅうろうしゃ》（資格外活動）です。仕事があるから残るのであり、残る以上は仕事が必要なのですから当然です。

ちなみに、刑罰法令違反の場合、刑期《けいき》を終わるとそのまま入国者収容所に身柄が移されます。刑期よりも長い収容もあって、問題になっています。

「日本人妻の訴え、入管法の〝心〟開く」

「一度は退去処分　パキスタン青年　申し立て一年余り　在留特別許可出る」

これは一九九二年七月十六日付『朝日新聞』の見出しです。これだけ読むと日本の入管行政にも血の通った人間味があるんだな、と思ってしまいます。しかし、このケースは日本人妻との間に子どもがいたことが許可に大きな影響を与えています。子ど

良心的支援者の逮捕

超過在留者が急増し、送還費用がバカにならなくなったため、入管局は運用を変更。自費出国命令を出すようになりました。それに従わない人だけを国費送還するわけです。費用のないものには在留を続けさせ、送還費用を稼がせるわけですが、これは入管行政の矛盾です。いったい何をして稼げというのでしょうか。

そんな中、見るに見かねて在日ペルー人たちにアルバイトを紹介してきた福岡の中学校教員、青柳行信さんが、一九九三年九月十日に逮捕されました。容疑は不法就労助長罪であるという。許しがたいことです。それを強いたのは在留延長を認めず、出国させようとした入国管理局であるはずです。

もがいなくても許可が出る弾力的な運用が行なわれるようにならなければ、血の通った入管行政とはいえません。

一九八九年、沖縄《おきなわ》に漂着した中国人ボートピープル・林桂珍さんは「天安門事件後《てんあんもんじけん》の弾圧を恐れて日本に来た政治難民《せいじなんみん》」だと主張しました。九〇年三月、『退去強制令書』の執行停止を求めて福岡地裁に提訴。地裁はこの訴えを認めましたが高裁が却下《きゃっか》。最高裁の判断が出される前に、つまり難民不認定処分の取消しを求める裁判が決着しない間に、強制送還されてしまいました。

このケースでは、林さんの身柄を心配する多くの人たちの声を無視し、まるで見せしめのように送還が執行されました。林さんは送還後、中国当局に逮捕されています。

国勢調査を名目にした密告

日本政府の不法在留に対する取締りには執念《しゅうねん》のようなものがうかがえます。キツネ狩りにも似ていて、相手を人間と考えていないようなのです。

退去強制に該当すると思われる外国人を発見したとき、公務員は入管局に通報する義務がありますが、この規定のために不法在留を余儀なくされた外国人は役所に頼ることができません。

また、公務員でなくとも通報することが認められ、実際に退去強制の該当者であった場合には通報者に報償金《ほうしょうきん》が支払われます。法律が市民に密告《みっこく》をすすめているのです。

本国へ強制送還される中国人たち（1989年12月）

管理法違反で逮捕されたときは？

もし、あなたの恋人や友人が入国管理法違反で逮捕された場合には、素早い行動が必要です。現場に立ち会っていたら連絡先、収容先を確認し、すぐ弁護士に連絡をとります。

後で知ってもあわてないこと。所持品の捜査や整理の都合上、アパートの管理人は事情を知っています。

東京、大阪など高等裁判所のある都市には弁護士会があり、外国人の事件を扱ってくれる弁護士がいます。LAFLR（ラフル。外国人労働者弁護団。☎〇三・五二九一・五一七一）というグループを作っているので、聞けばすぐにわかります。

また、東京弁護士会（☎〇三・三五八一・二二〇一）には外国人人権救済センターがあります。

そのため「統計のためにだけ利用しますから」という国勢調査員《こくせいちょうさいん》の言葉は信用ができず、潜伏《せんぷく》するため統計も不正確なものになってしまいます。

もともと国勢調査には不法在留者を洗い出す役目がありました。人権にとって問題の多い調査で、廃止が望まれます。ちなみに、三カ月未満の外国人滞在者《たいざいしゃ》は調査に応じる必要がありません。なんらかの身分証明を提示する義務もありません。キッパリ断わりましょう。

Q22 不法在留（残留）者の権利っていったいなんですか？

不法在留者を救う市民グループが増えています。手伝ってみようと思うのですが、いまひとつ踏み切れません。彼らの権利をどう考えたらいいのでしょうか。

ニューカマーの多くは、今日の激しい南北格差《なんぼくかくさ》が生み出した経済現象のひとつです。国境《こっきょう》を越えて移動《いどう》を強いられた人びとという点では難民《なんみん》と変わりがありません。国連《こくれん》も一九九〇年十二月「移住労働者権利条約」を採択して、保護に乗り出しています。

難民を「経済難民」と「政治難民」とに分類して、経済難民は追放する、という日本のやり方はもう通用しないのです（ただし、日本はなお条約に調印していない）。日本が経済難民を受け容れず、厳しい入国管理《にゅうこくかんり》体制を布いて単純労働者の就労《しゅうろう》を拒否する結果、多くのニューカマー（→Q20）が、法に違反する就労や残留《ざんりゅう》を余儀なくされています。その結果、多くの問題が現われてきました。

非正規残留者は常に退去強制《たいきょきょうせい》の恐れを抱えているために立場が弱く、条件の良くない仕事に就《つ》かざるを得ません。場合によっては、法の網をくぐる裏組織（暴力団など）の世話になって、仕事の斡旋《あっせん》を受けることにもなります。

移住労働者権利条約

一九九〇年に国連で採択され二〇〇三年七月に発効した「すべての移住労働者及びその家族の権利保護に関する条約」は正規、非正規で国を越え働く者の権利を定めた国連条約です。

いまだに批准していない政府に対して、日本のNGO「移住労働者と連帯する全国ネットワーク（移住連）」が批准を求めています。

それがタコ部屋（軟禁状態の宿舎）労働や売春《ばいしゅん》の強要、不当解雇《かいこ》や賃金の不払い、補償《ほしょう》のない労働災害などを激発させる要因になっているのです。安い賃金できつい仕事にこき使い、要《い》らなくなったら勝手に切り捨てる。不満を漏らせば退去強制をチラつかせて黙らせる。

使う側にとって、こんなに都合のいい労働者がいるでしょうか。賃金不払いで解雇されても泣き寝入り。訴えて出ても、不法残留が発覚して退去強制、結局賃金は受け取れない。こうした事態は、日本の人権《じんけん》状況全体を悪化させるものです。こうした事態を許せば、使う側は都合のいい労働者をどこまでも利用しようとするでしょう。賃金は低下し、補償は切り捨てられていきます。

人権の向上は、最も弱い人たちの権利《けんり》をどう保障するかにかかっています。その意味からも、不法残留者の人権を保障していくことが大切なのです。

そこでまず、不法残留者という言葉から考えてみましょう。この言葉はどうも、その人の存在自身が不法だ、というイメージを持っています。しかし、入管法《にゅうかんほう》に反しているとはいえ、彼の生存のための活動に不当性はありません。英語では「オーバー・ステー」ですが、これに倣《なら》えば「超過在留《ちょうかざいりゅう》」者。どうも、このほうがいいようです。

ところで、厚生労働省は現在、超過在留者に対する国民健康保険の適用を認めていません。生活保護の対象にもしていません。「不法状態を容認することになる」というのが政府の言い分です。しかし、人の人権はそのような管理的な発想では保障されません。

江戸時代、旅人の人権は街道の村々が支えました。助け合って、往倒《いきだお》れを防いだのです。しかし、明治になって、村々の備蓄米《びちくまい》を県と国が召し上げ、救済権《きゅうさいけん》を独占するにつれて、救済の対象は「かわいそう」だからではなく、「国にとって都合がいい者」に変わりました。素朴《そぼく》な助け合いが管理的発想によって、吹き飛ばされてしまったのです。

厚労省の管理体質には自治体も困惑しています。とりわけ生活保護の医療扶助制度《いりょうふじょせいど》の適用除外は深刻で、東京都などはやむを得ず、生活保護法ができて救済権が国に統一される前の法律（行旅病人取扱法《こうりょびょうにんとりあつかいほう》）を引っ張り出してきて、これで救済している始末です。

また、このような救済制度ができたとしても、超過在留者を発見した場合、入管法はすべての公務員に入国管理局への通報《つうほう》を義務づけているので、これがネックになって救済が受けられないケースが多いのです。

超過在留者の人権を保障するためには、雇用者《こようしゃ》に不法行為をさせないための裁判権の確立のほか、政府に管理的発想をやめさせ、入管法の通報義務規定に特例を設けて、現に就労した者の労働者としての権利を守っていかなければなりません。

不法ではあっても、現にこの国に入国し、就労して地域に根差した人は、外国人であるよりもまず、この国の労働者です。労働者としての権利を保護しなければ、それは日本人を含むすべての人びとの人権が脅《おびや》かされるのです。

ニューカマーの家族を保護する

「ローテーションに従って、お帰り願う」調整鎖国《ちょうせいさこく》論《ろん》者は、日本の民族性《みんぞくせい》を大事にし、ニューカマーの定住化《ていじゅうか》と日本の多民族国家化を恐れます。そのため、ニューカマーが定住化して家族を持つようになった場合の社会保障費の増加分を算出し、「社会負担が増える」といった警告さえ発しています。

しかし、この種の調整鎖国論は人間を労働力としか考えず、ソロバンという経済効率で政策を進めようとする許し難い人たちです。それならむしろ、日本の民族性をタテにして外国人を一人も入れない、完全鎖国を主張する人のほうが誠実だとさえいえるのです。

人が最も効率的に活動できるのは、若い健康な単身者《たんしんしゃ》であるのはどこの国でもおなじです。だから、その労働力だけを利用し、負担が増え始めるとみるや、

現在の非正規滞在者への法・行政サービスの適用

制　度	適用の可否	概　要
労働基準法	○	最低労働基準
労働安全衛生法	○	職場の安全
労災保険	○	仕事上の負傷・疾病
雇用保険	×	失業時の保障
健康保険	×	私生活上の負傷・疾病
生活保護	×	最低生活の保障
母子手帳	○	妊娠・出産支援
入院助産	○	出産費用援助
養育医療	○	未熟児医療
育成医療	○	障害児の先天性障害の除去・軽減
更正医療	△	育成医療の成人版（人工透析・ＨＩＶ等）
結核治療	○	命令入所も含む
精神保健医療	○	統合失調症・うつ病等慢性精神疾患
小児慢性疾患	○	治療研究事業として
予防接種	○	
行旅病人	○	入院、定住所・定職なし、救護者なし
未払医療費補填制度	○	制度のある自治体に限られる
児童手当	×	小学校６年生まで

参考資料　外国人の医療と福祉に関する質問主意書及び答弁書（2000年4-5）より

切り捨てて「お帰り願う」というのは、あまりにも身勝手な論法なのです。人はまた、労働者である前に生活者であり、一度きりの人生をさまざまな人たちとの交わりの中で築いていく存在なのです。効率的な労働力だけを食い荒らすことは許されません。

この、さまざまな人たちとの交わりの中には家族生活も市民生活も含まれます。恋も生まれれば、子も産まれます。医療も必要だし、教育も必要です。開国《かいこく》とは、ここまでを覚悟した上で選ばなければならない政策なのです。

現にこの国に入国し、就労して地域に根差した人は、外国人労働者であるよりもまず、市民（あるいは住民）です。市民生活は保障されなければなりません。忘れられていることですが、日本の地方自治法でも「住民」は外国人《がいこくじん》を含んでいます。住民のために生かされなければならない法律なのです。

ところで、人権の向上は最も弱い人たちの権利を保障していくところにあります。では、市民生活上の最弱者とはだれでしょうか。おそらく、超過在留者から生まれた子どもたちではないでしょうか。この子たちの市民権《しみんけん》をどう保障していくか。ここにも、この国の人権レベルを問うバロメーターがあります。

前述した国連・移住労働者権利条約にも、子どもの保護が規定されています。日本の現実とはあまりにも遠く、そのために、この条約への日本の加盟、批准《ひじゅん》は当面、絶望的です。保護を与えずに追放する、これがこれまで日本がとってきた基本的な姿勢なのです。

これまで、日本人自身が子どもの独立した人格《じんかく》を認めず、人権を無視してきたことが、日本政府の不当な処分を許してきました。しかし、いま、超過在留者の子どもの人権が問われる中で、日本のこれまでの政策（子どもを親の生き方で差別《さべつ》する、など）も見直しが求められるはず（条約は婚姻外で生まれた子の差別を認めていない）です。

Q23 国際結婚にはどんな手続きが必要なのでしょうか?

外国人と結婚した知人が身近にもいます。可能性は私にもあると思いますが、心得ておくべきことはなんでしょうか。結婚手続きについても教えてください。

愛が国境《こっきょう》を越え、民族《みんぞく》を越えるのはいうまでもありません。わざわざ国際結婚などといわなくても、世界ではもう当たりまえの出来事。特別視することは何もありません。

ただ、日本の場合、言葉や習慣のちがいに加え、異文化を排除して結束しようとする地域性や「家」の継承を絶対と考える親族観《しんぞくかん》が強いのはこれまで見てきたとおりです。それが国際結婚を阻止する力として働く場合があるので、注意しましょう。

婚姻《こんいん》の自由は人の最も基本的な権利《けんり》。だれも妨げることはできません。しかし、法的に認められる結婚ということになると、国によって一定の条件があります。それを簡単に説明しておくことにします。

法的な結婚には「要件《ようけん》」と「様式《ようしき》」とが必要です。「要件」とは日本なら「男は十八歳以上、女は十六歳以上」といった法的な条件のこと。国ごとにちがっていて、イギリスでは「男女とも十六歳」です。

「要件」は男女それぞれの本国法《ほんごくほう》に従うことになるので、日本人男（十六歳）とイギリス人女（十六歳）が結婚することはできませんが、日本人女（十六歳）とイギリス人男（十六歳）が結婚するのはなんの問題もありません。

一夫一婦制《いっぷいっぷせい》の日本では日本人男が第二婦人を持つことはできませんが、日本人女が一夫多妻制《いっぷたさいせい》の国の第二婦人となることは可能です。これも要件が男女それぞれの国の法律で定まることの表われです。

「様式」とは結婚の手続きのこと。日本では婚姻届けを役所の戸籍《こせき》係へ提出することになります。教会で式を挙げることを義務づける国、近隣と酒盛りをして公証人《こうしょうにん》に記録してもらう国、国によってさまざまですが、様式は滞在国《たいざいこく》の様式に従います。

日本人どうしでも、ニューカレドニアで結婚するなら教会で式を挙げます。これは相手が外国人《がいこくじん》でもおなじです。ただし、せっかく外国の様式で結婚しても日本人である限り、三カ月以内に戸籍係へ届け出ないと三万円以下の過料《かりょう》を取られることになります。

日本で結婚する場合、婚姻届のほかに、結婚できる要件を備えているかどうかを証明する書類が必要です。日本・韓国・台湾人の場合は戸籍の提出を求められますが、戸籍のない国の人は大使館・領事館が発行する『要件具備証明書』と、その日本語訳が必要です。国交《こっこう》のない朝鮮籍の人の場合は、本人の『宣誓書《せんせいしょ》』で足ります。実際、これがいちばん楽なのだから不思議です。

国際結婚で夫婦同姓を望むとき

家庭裁判所の許可なしに外国人配偶者の姓に換えることができるのは婚姻届を出してから六カ月以内です。六カ月を過ぎたり、再び日本姓に戻るには許可が必要。少々手間がかかるので、慎重に決める必要があります。

夫が韓国籍の場合、妻も韓国籍になりますが、妻が六カ月以内に日本国籍を離脱しない場合は自動的に韓国籍は失われます。二重国籍にはなれないのです。

国際結婚をする場合には、もっとたくさんのことを知っておかなければなりません。手頃な解説書として『国際結婚ガイドブック』（明石書店刊）をおすすめしておきます。

外国の様式で結婚した場合は、その国の婚姻証明書を取らなければなりません。これが日本の戸籍係（現地の日本大使館・領事館でもよい）へ届ける際の証拠書類となります。

国際結婚で戸籍・国籍はどうなる

戦前の国籍法《こくせきほう》は、結婚によって妻は夫の国籍になることを原則としていました。それはまた、夫の「家」に入り、夫の戸籍に入り、夫の氏《うぢ》を名乗ることを意味していました。

これらは「家」の観念と一体で、戦後、個人の尊厳《そんげん》と両性の平等を守るために廃止されることになりました。そのため、戦後は結婚しても国籍は変更せず、戸籍もそのまま、氏も変わることがなくなったのです。

ただ、一九八五年の国籍法の改正時に戸籍法も改正され、結婚すると親元の戸籍から離れて単身《たんしん》の戸籍が作られることになりました。また、申し出によって配偶者《はいぐうしゃ》の姓《せい》に変更することができるようになっています。

しかし「戸籍は民族の台帳、外国人を登載《とうさい》することはない」という原則は変わっていないので、戸籍にも住民票《じゅうみんひょう》にも外国人配偶者は記載されません。ただ、日本人戸籍の身分《みぶん》事項の中に「年月日、○○国××・××××と婚姻」と記載されるので、結婚の事実だけはわかります。

外国人の姓名「××・××××」は中国人・朝鮮人に限っては漢字、他はカタカナを強制します。中国の新体字やハングル、英文スペルは認められておらず、申し出によって名乗れる配偶者の姓も外国人本来の姓ではなく、戸籍で強制された日本式の文字なので、将来に問題を積み残しているといえるでしょう。

事実婚を認めない国の孤立

将来、もっと大きな問題になりそうなのはあまりにも厳格な戸籍手続きです。自由であるはずの結婚が戸籍手続きに縛られ、振り回されている、それが日本という国の現実です。

世界はいま、事実婚《じじつこん》を容認し、法律婚《ほうりつこん》との差別《さべつ》をなくす方向に変わっています。届け出を必要とするフランスやドイツでも事実婚を排除しているわけではありません。ドイツなどは「事実婚を選ぶ人にはそれなりの理由がある」として、わざわざ届出婚《とどけでこん》と区別していますが、それは事実婚も結婚であると認めた上でのことなのです。

将来、国際事実婚が増えてくるでしょう。世界はそれを結婚に準じて保護し、権利を与えます。日本だけが戸籍をタテに、事実婚を認めない、となれば、日本は世界の秩序を乱すことになります。一国が認めながら、他国が認めない結婚を「跛行婚《はこうこん》」と呼びますが、これを避けることが国際私法上でも求められているのです。

解決のカギはここでも「管理よりも人権」、「民族よりも国際」なのです。

婚姻届のメリット

外国人配偶者は在留資格を「配偶者」に変えることができます。これによって就労《しゅうろう》の制限がなくなり、外国人登録の切替え期間も延長されます。日本を出ることなく、比較的安定した在留が可能なのです。

そのため、偽装《ぎそう》結婚が絶えず、審査が厳しくなっています。また、超過在留者《ちょうかざいりゅうしゃ》の婚姻届けを受理しない役所が出るなど、重大な人権侵害事件が起こっています。婚姻家族の保護と同時に、外国人全般の安定した在留が保障されなければ、結婚は掛け引きの道具になりかねません。

日本人と結婚した性・国籍別外国人

夫日本人・妻外国人

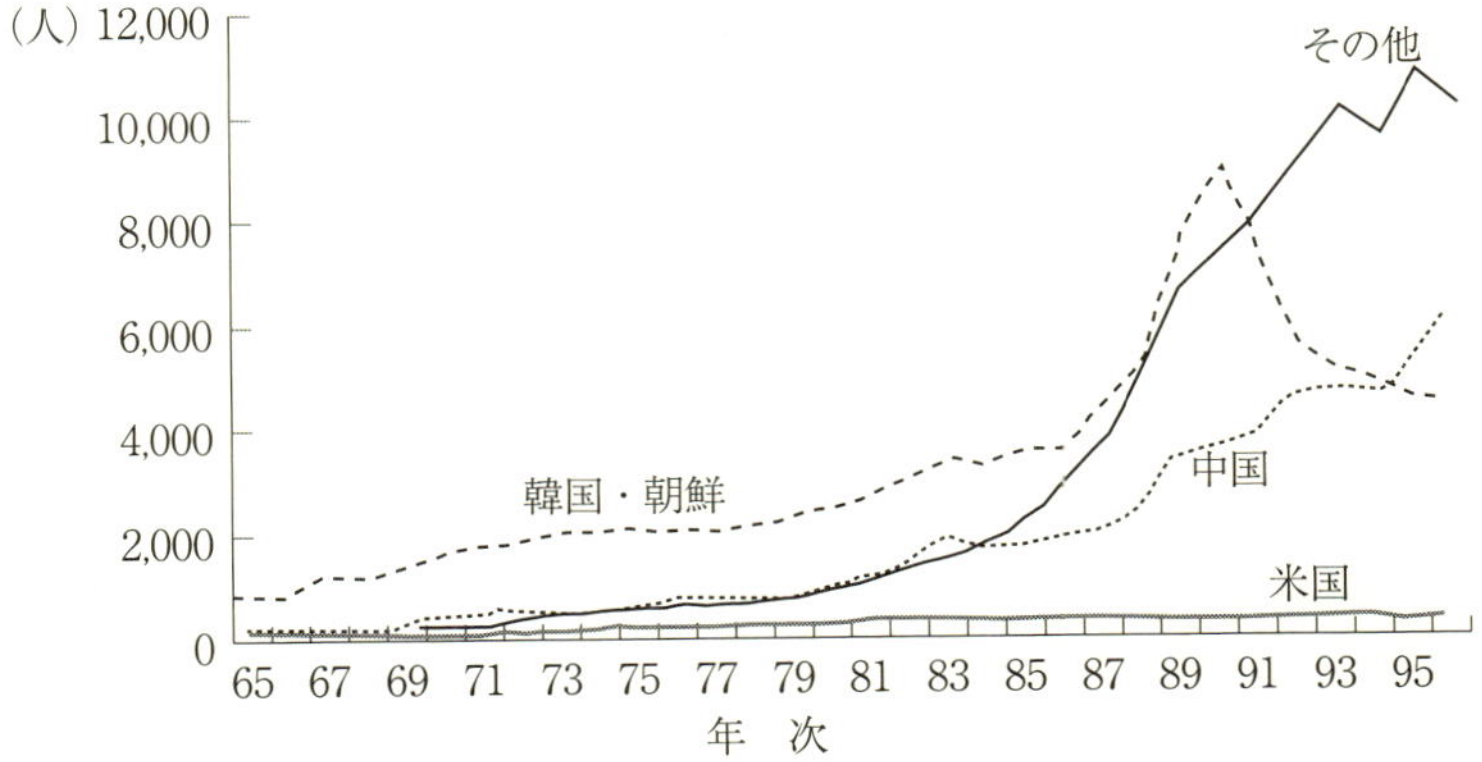

妻日本人・夫外国人

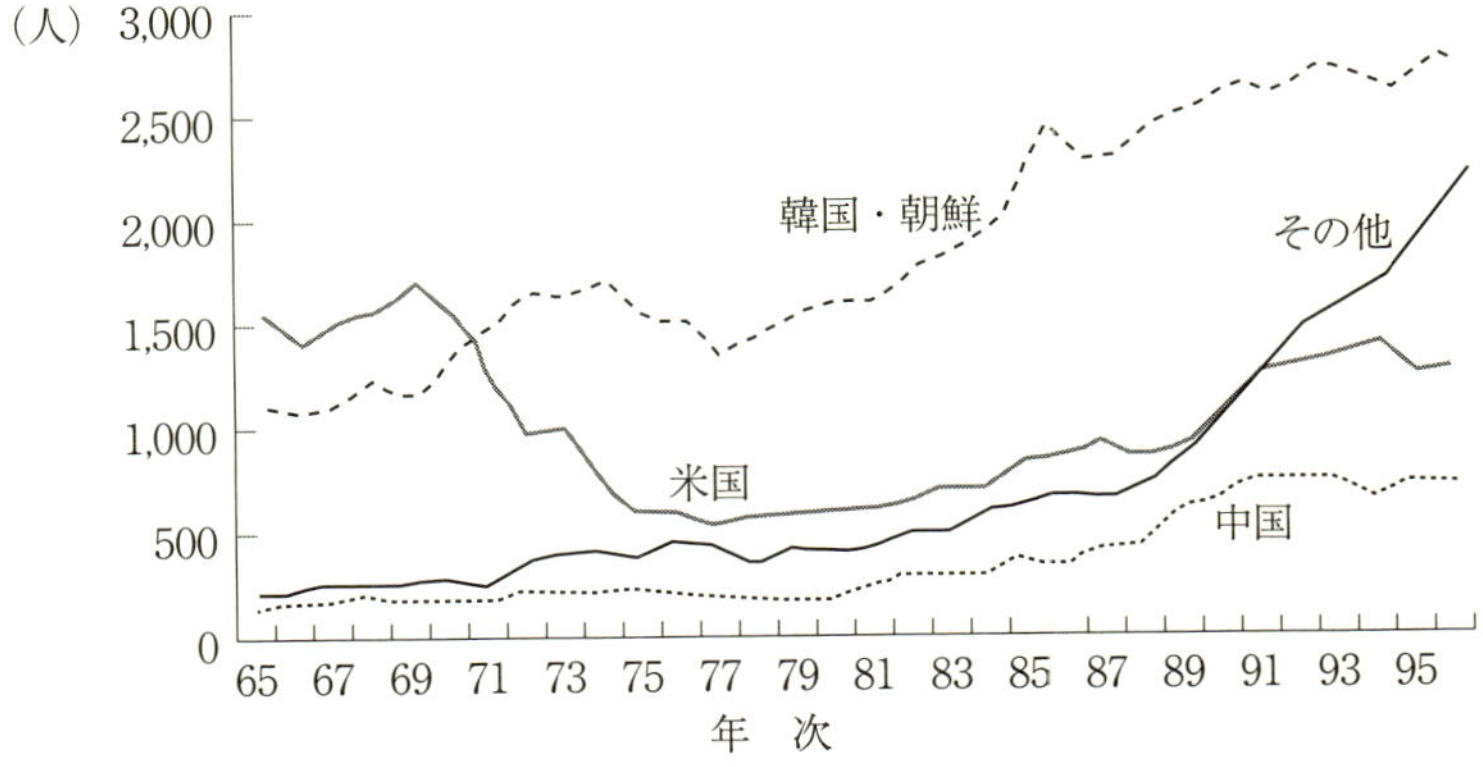

Q 24

国際結婚で子どもの戸籍・国籍はどうなるのでしょうか？

国際結婚に踏み切るにあたって、いちばん気掛かりなのは子どものことです。子どもには両国の良いところを受け継いでもらいたい。そう願っているのですが。

日本の現在の国籍法《こくせきほう》は父母両系制の血統主義《けっとうしゅぎ》をとっています。父か母、どちらかが日本人であれば、婚姻《こんいん》中に生まれた子どもは日本国籍を取得します。出生届けを済ませば、日本人として戸籍《こせき》が作られるわけです。

原則として親の戸籍に入りますが、子どもだけが外国籍の親の姓《せい》を名乗ることもできき、その場合は日本籍の親の戸籍を抜け、子どもだけ単独の戸籍が作られます。

この子の外国籍の親もまた、血統主義国籍法の国である場合、この子はもうひとつの国籍を持つことがあります。日本同様に父母両系制（フランス、インド、中国など）を持つ国なら、この子は当然に二重国籍。父が父系制（インドネシア、台湾など）の国の人である場合も二重国籍になります。

国際結婚が増えた今日、世界では二重国籍、三重国籍はもう珍らしいことではなくなりました。スペイン、ポルトガルの旧植民地間では国籍の区別がありませんし、大《だい》英帝国《えいていこく》の構成国国民は自国籍のほか、イギリス国籍を取得する道があります。

生地主義国籍法の国

アイルランド、アルゼンチン、アメリカ合衆国、イギリス、オーストラリア、カナダ、ブラジル、など。（中南米、英連邦の国はほとんどが生地主義国です）

血統主義国籍法の国

〔父系優先〕インドネシア、エジプト、スリランカ、サンマリノ、スリナム、ソマリア、タイ、チャド、トンガ、ネパール、ハイチ、ブルネイ、マダガスカル、マリ、モルディブ、ルクセンブルグ、ルワンダ、なまた、生地《せいち》主義の国籍法をとる国（アメリカ、カナダ、ブラジルなど）で生まれた場合は、その国の国籍も取得するので、両親が日本人でも二重国籍になることがあります。したがって外国で生まれた場合は、現地の大使館などに出生届《しゅっしょうとどけ》を出し、「日本国籍も維持します」という趣旨の「国籍留保《りゅうほ》」の届け出が必要です。これをしないと日本国籍を失うことになります。

重国籍者の国籍選択制度

重国籍《じゅうこくせき》の子は戸籍簿に登録《とうろく》され、日本にいる限り日本人として扱われます。また、一九九〇年に法例（準拠法を定めた日本の法律）が改正され、日本にいる限り日本法が適用される（改正前は父の国の法）ことになっています。

かつて重国籍者は国家のやっかい者でした。外交保護権をどこの国が保有するのか、戦時にどこの国が徴兵《ちょうへい》するのか、といった問題が起きるからです。日本政府はこれを「いざというときに、どこの国の鉄砲をかつぐかの問題だ」といっています。

世界は重国籍と無国籍の防止を締約。一九七七年のヨーロッパ理事会でも「婚姻中に出生した子の国籍に関する決議」をして、重国籍の防止を呼びかけています。しかし、ヨーロッパで呼びかけに応じた国はひとつもありません。防止を厳格にすれば、人権《じんけん》を脅《おびや》かすおそれがあるからです。以来、ヨーロッパは重国籍を受け容れる姿勢を強めました。

ど。

（イスラム、中東諸国のほとんどが父系優先です）

〔父母両系〕日本、イスラエル、インド、エチオピア、エルサルバドル、ガーナ、コートジボアール、コスタリカ、コンゴ、ザイール、ジブチ、ソロモン、大韓民国、中華人民共和国、朝鮮民主主義人民共和国、トーゴ、トルコ、ナイジェリア、パプアニューギニア、フィリピン、マラウィ、ミャンマー、ヨルダン、など。

（西欧、東欧、社会主義諸国のほとんどが父母両系です）

＊父系優先の血統主義国は少しずつ、父母両系への改正を重ねています。

多重国籍は自然なこと

国が自国籍を誰に与えるか、と

一方、一九八五年の国籍法改正によって、韓国人を父とし、日本人を母とする二重国籍者を大量に抱えることになった日本は、このヨーロッパ理事会の決議に飛びつきました。重国籍者を敵視し、防止策を構じたのです。それが国籍法に定められた「国籍選択《せんたく》制度」です。

重国籍者は二十歳から二十二歳までの間に、自分の国籍を選択しなければなりません。二十二歳を過ぎても選択しない場合は催告《さいこく》を受け、日本国籍を失います。戸籍からも除籍《じょせき》されます。外国籍を選択した人も同様で、日本国籍は失われ、戸籍も除かれます。

日本国籍を選択した人は、その旨が戸籍に記載され、生涯監視《かんし》されることになります。というのも、国籍の選択宣言をしただけではもう一方の国の国籍はなくなりません。他国籍がどうなるかは、あくまでも他国政府の問題で、日本が介入できることではないのです。国によっては自国籍の離脱《りだつ》を許さないこともあり、徴兵を義務づける国もあるのです。

日本は、日本国籍の選択宣言をした人でもなお、疑いの目を向けるのです。彼がもし他国の公務員や軍人になった場合には日本国籍を失います。それを監視するためにも、彼が国籍の選択宣言者であることを、戸籍に記載するのです。これが日本人の中に、新たな差別《さべつ》を持ち込んだのは明白です。

人は双《ふた》つの文化を持って育つことが可能です。バイ・リンガル、バイ・カルチャー

いうのはその国の法律による、というかその国と国民の問題です。だから自国民に他国が国籍を与えることは阻止できません。それもその国と国民の問題だからです。つまりある人物を自国民にしたいとする国がたくさんあれば、その人は必然的に重国籍者になってしまうのです。重国籍は自然なこと。世界はこれを容認せざるを得なくなっています。日本もこの原理を承認するしかないため、国籍選択宣言制という奇妙な制度を発案しました。宣言するだけ、つまり重国籍の容認なのです。

でも、日本が許しがたいのは、韓国政府に重国籍回避の義務を負わせたことです。韓国はこれに応え、他国籍を選択したものは韓国籍を喪う、としたのです。これによって、日韓間の重国籍はありえなくなりました。

は豊かさの表われであって、敵視するようなものではありません。子はまた、両親の文化を吸収するのが自然で、二十歳になったらひとつを選ぶ、ということは心を引き裂かれることといっしょです。日本の国籍選択制は重国籍者に苦痛を強いる反人権法です。

日韓両政府が重国籍者追放で連携

一九九八年六月、韓国が国籍法を改正。日本の改正とそっくり（選択は宣言でなく強制で、いっそう厳しい）で、父系制を両系制とし、重国籍を防止するために国籍選択制度を採用しました。また、日本政府と協議し、ヨーロッパ理事会決議の第三項にある「選択および国籍の喪失を相互に通報すること」を実施しようとしています。

一九八五年当時、日韓の重国籍者の場合、日本国籍の選択宣言をしても韓国国籍は失われないだろう、といわれていました。それなら韓国の民族性や文化も継承できる、という安堵感《あんどかん》が、改正反対の声を弱めることになったのです。

しかし、これはまったくの幻想だったことがはっきりしました。日韓の重国籍者は、両国政府の連携《れんけい》によって、引き裂かれることになったのです。その上、戸籍情報を相互に通報する、ということになれば、日本政府の長年の夢が実現することをも意味します。

この重国籍者のピックアップや、日韓間での情報通報に活躍するのが、コンピュー

アグネスの子どもの国籍は？

香港の公民証を持ち、日本人と結婚、カナダで出産したアグネス・チャンの場合、その子は香港と日本、カナダの国籍を持つことになります。また、アグネスがイギリスで暮らし、一定の条件をクリアーすれば、子どももイギリス国籍を取得する可能性があります。

香港の公民証がどう扱われるか。これは今後の中国の出方にかかっていますが、いずれは香港に暮らしている人には中国国籍が与えられるはず。この子は潜在的に中国国籍を持つのかもしれません。

出された違憲判決

事後認知によって父の日本国籍が取れないのは「男性差別」との声が、以前からあり、二〇〇二年十一月、最高裁は補足意見として「国籍

タに入力された外国人《がいこくじん》の家族登録《かぞくとうろく》です。同様のシステムが韓国でも作られるのでしょうが、これが韓国国民の人権を脅かすのは明らかです。

婚外子差別と国籍の問題

婚姻外で生まれた子は母の国籍。子どもが生まれてから認知《にんち》しても父の国籍は取れませんでした。母が超過在留者《ちょうかざいりゅうしゃ》である場合、子も追放《ついほう》の対象とされ、問題になっています。

また日本は、血統主義の原則を貫き、生地主義の適用を父母の知れないときだけに限定しています。そのため、生地主義国の両親の下、日本で生まれた子は無国籍となります。

一九九一年、長野の病院で「フィリピン人らしい母」が出産後、行方不明《ゆくえふめい》になりました。父も確かではなく、父母が知れない場合は日本国籍が与えられるのですが、母が「フィリピン（フィリピンは両系血統主義国なので、これが確かならフィリピン国籍が手に入るはず）らしい」、というあいまいな情報のために国籍が与えられず、子どもを引きとった牧師さんが子どもの日本国籍を求めて裁判を起こしました。

「母がフィリピン人と推定される以上、日本国籍は与えられない」とする日本政府に対して、東京地裁は九三年三月「母がフィリピン人だという確証がない以上、父母が知れない子なので、日本国籍を取得する」と判決。政府の主張を斥《しりぞ》けて、子どもが

法三条は違憲の疑い」と判示。これを受け二〇〇四年四月、東京地裁は違憲の判決を下しました。この判決が、二〇〇九年一月の国籍法改正を導きました（P17参照）。

筆者は血統主義に反対

認知による国籍付与はアジアにおける日本人男性の地位を優位にします。現地法人の支配人に、認知した子を就けたがるオヤジたちが目に浮かびます。かつて、中国国籍法がそれで、アジア諸国から非難され、改めています。外国で生まれた子は例外にしたのです。問題は血統主義にあるのであって、不平等な血統主義（認知）にあるのではありません。

海外生まれの婚外子

事実婚を認める国で婚外子を産んだ場合、日本の大使館・領事館は厳しく父親を詮索します。生まれた国

無国籍になるのを救いました（高裁で逆転敗訴、最高裁で再逆転勝訴→確定）。

しかし、母の国籍が明らかでも、母が特定できなかったりすれば、その子が母の国の国籍を取得《しゅとく》できるとは限りません。そうなれば子どもはやはり無国籍。最高裁判決も子どもが無国籍になることを防ぐには足りないのです。

子の母を特定し、母の国の国籍が子に与えられることを確認するまで、暫定的に日本国籍を与える。こうした制度に換えなければ無国籍児をなくすことはできません。日本は重国籍の防止には異常なほど熱心なのですが、無国籍の防止には冷淡きわまりない国なのだ、ということがおわかりいただけるでしょう。日本にいる無国籍児は約一八〇〇人といわれていますが、そのほとんどが出生届けをしない、出せない外国人女性から生まれた子どもです。

日本の制度は子どもの幸福、人権と平等とを第一に考える、という国際的な使命を無視し、世界の潮流《ちょうりゅう》に挑戦しようとするものです。

の国籍ばかりか、父の国の国籍も持っている可能性があるからです。

しかし、トボケ通せば父の国籍は把捉されません。ただし、外国で出産した場合は三カ月以内に国籍留保の届けをしないと日本国籍が失われますので、出生届（＋国籍留保届）は急いでください。

生地主義国で生まれれば、この子も国籍の選択宣言が必要です。しかし、日本を選んでも生まれた国の国籍が失われることは、まずありません。

Q25 外国人が「帰化」したがらないのはなぜですか？

外国人はみんな帰化すればいいと思うのですが、どうして嫌がるのですか。帰化が許可されない人は仕方ありませんが、簡単に許可される人もいると聞きます。

日本国籍《こくせき》を持たない人が日本国籍を手に入れる唯一の方法が「帰化《きか》」と呼ばれるものです。五年以上日本に住んでいること、素行《そこう》が善良であること、などの条件を満たしていれば帰化が申請《しんせい》できますが、法務大臣の許可が必要です。日本は帰化を権利《けんり》とは認めず、あくまでも恩恵《おんけい》だと考えています。だから審査も厳しく、高圧的なのです。

一方、戦前から日本に住んでいる朝鮮人・台湾人とその子孫については日韓条約《にっかんじょうやく》や入管特例法《にゅうかんとくれいほう》によって、帰化の道が広く開かれ、近年では申請すれば許可されるケースがほとんどです。前に日本国籍だった人や日本人の配偶者《はいぐうしゃ》、日本人の縁故者《えんこしゃ》や日本で生まれた人についても帰化の条件は少し緩やかになっています。

そのため、よく日本人は韓国・朝鮮人に対して「そんなに不便なら帰化すればいい」といいます。また、韓国本国《ほんごく》に住んでいる人たちも「アメリカに移住した韓国人はみんなアメリカに帰化している。在日韓国人もそうしたらいい」という人が少なくありません。

非難を浴びた「坂中論文」

本国志向・帰国指向の強い在日1世が健在で、リーダーシップを握っていた一九七〇年代、法務省入管局の坂中英徳が「在日朝鮮人の処遇」を発表（七七年）します。定住化を見越し「日本国籍を与える必要」を説いたものですが、方法に具体性がなく、従来の同化政策である「帰化」と混同され、北を支持する朝鮮総連、南を支持する民団のいずれからも激しい非難を浴び、息を潜めます。しかし、九〇年代末から活動を再開。自分の見通しは正しかったとしかし、アメリカの手続きは帰化ではなく「市民権《しみんけん》の取得《しゅとく》」です。これは一定の条件を備えた人の権利と考えられていて、その人なりの民族性《みんぞくせい》は保護されます。アメリカは多民族国家で、アメリカ民族になることを強要したりはしないのです。

これに対して日本の帰化は、日本国籍を与えると同時に日本人として戸籍《こせき》に登録《とうろく》し、日本民族の一員となることを強要します。帰化以前の民族性の主張を許さず、日本人に同化《どうか》することを求めるのです。そのため、日本に帰化した朝鮮人は、その民族性を隠すほかなく、少数民族としての権利要求を阻まれてしまいます。

日本は戦後、在日朝鮮人を「同化か、さもなければ追放」することで、異民族を国内に抱えることを拒んできました。在日朝鮮・台湾人に国籍選択権《こくせきせんたくけん》（→Q14）を与えず、その代わりに帰化条件を緩めたのもそのためなのです。帰化は同化であり、民族性の圧殺《あっさつ》であるということを多くの韓国・朝鮮人はちゃんと見抜いていたのです。

だからこそ、帰化しなくても、日本で対等に暮らしていける権利を求めたのです。

一方、こうした歴史を持たない欧米系《おうべいけい》の外国人は、けっこう気楽に帰化を選ぶ人がありました。コーカソイドが完全に日本人に同化するのは不可能なので、同化の強要もモンゴリアンほどではないことも原因です。

しかしそれでも、指紋押捺《しもんおうなつ》制度に反対する運動の中で、日本の戸籍管理の本質が同化（皇民化《こうみんか》）であり、異民族を認めぬものだということが明らかになるにつれて、欧米系外国人の中にも帰化への疑問が芽生えてきました。帰化したい、と考える人たちし、日本国籍に抵抗の少ない二世以降に一定の影響を与えています。

文字から「帰化」を考える

帰化の「帰」は帰順とか帰属の「帰」で、日本語では「まつろう」と読みます。「まつろう」とは「心服して従う」こと。国籍をAからBへと変更することとはまったくちがいます。帰化した以上、その国の文化や伝統に「心服して従う」こと。抵抗は許されない、ということです。

在日コリアンの消滅

坂中英徳は一九九九年四月から毎日新聞に「在日は自然消滅へ」を連載しました。しかし、事実は人為消滅で、一九八五年に国籍法が改正（両系制の導入と、国籍選択制の採用）されたとき、消滅が確実視され、密かに祝っている法務官僚もいたのが欲しいのは、日本民族の一員として承認されることではなく、この国で対等に暮らす権利。帰化は問題のすり替えで、問題の解決にはならないのです。

帰化してもなお、その記録は戸籍に残ります。異民族排除を国策《こくさく》とする社会では、帰化者もまた「帰化人」として、いわれなき差別《さべつ》を受けることになります。選挙立候補者の戸籍をバラ撒き、帰化人であることをアピールした選挙妨害事件も、そうした社会背景の下に発生したのです。

異なった民族が、この国で対等に暮らす権利、それを確立することが求められているのです。

帰化者はいつまでも〝よそ者〟扱い

戸籍支配の前提は定住家族《ていじゅうかぞく》の存在です。戸籍は個人のプライバシーを家族や親族《しんぞく》（それに近隣の官公吏や雇用主）に晒《さら》すことで、人の行動が世間体や慣習、常識や道徳からはずれないよう互いに監視しあうシステムです。こういう社会は非定住者、単身者《たんしんしゃ》を敵視し、危険人物視する傾向があります。

名古屋の市議選に立候補したある女性は「立候補を取り下げろ」という脅迫《きょうはく》電話に悩まされました。「名古屋で議員になりたいなら、三代、百年は定住しろ」「よそ者に政治は任せられない」というのです。これでは帰化した人が、この国の政治に参加するのは困難です。

です。筆者はこの改正に反対しましたが、成立後は「自然消滅を避けるべき」と主張しました。日本国籍を与えるのではなく、もともと保有している日本国籍を民族籍ともども承認すべきだ、というのが筆者の主張です。

定住化の中で

二世三世、四世五世が定住化傾向を強めるのは当然のこと。彼らが定住権を求め始めたころ、一世はいい顔をしませんでした。民族性が薄らぐのを恐れたのです。しかし、本国志向だけでは「消滅」を避けることはできません。帰化したひとも、やむなく日本国籍を選択した人も、民族性を守るための連携が模索され、新規入国韓国人との交流が進められています。その一方で、無条件で日本国籍を手に入れようとする在日の

個人の尊厳と家族ぐるみ帰化は相容れない

戸籍支配を安定化させるため、本来個人の手続きであるはずの帰化行政においても、この国は「家族ぐるみ帰化」を押しつけようとします。「なぜ全員が帰化を申請しないのか」と、申請しない家族の思想傾向などをしつこく調べ、不許可の理由を見つけようとするのです。

そのため、申請者の家族は、自分の民族性を捨てても家族のために帰化する結果になる。このことは大きな問題です。個人の尊厳《そんげん》を謳《うた》う新憲法《しんけんぽう》からみれば「ぐるみ帰化」の強制は憲法違反です。

帰化しても民族性は変わらない

日本に帰化する人の四人に三人（七四パーセント）が韓国・朝鮮人です。また、五人に一人（二〇パーセント）が中国人。その他は六パーセントにもなりません。帰化もまた、日本の戦前・戦後の歴史を反映しているのです。

帰化は日本への同化、民族性の放棄《ほうき》・圧殺。そうと知ってはいても、やはり帰化しなければならない現実、それが日本にはありました。彼らを帰化に追い込む力、それが追放の脅迫《きょうはく》と差別だったのです。

帰化者はまた、帰化人として差別され、それと知れることを恐れましたが、そのた

運動や、無条件で日本国籍を与えようとする日本側の動きも始まっています。この動きの始まりは九八年二月に高槻むくげの会（元・民闘連代表の李敬宰が代表）が坂中英徳を講師に招いたことだったように思われます。

ニューカマーの帰化要求

日本の戦後政策を理解していないニューカマーは、帰化を希望しています。なかには「日本の帰化行政が世界でもずば抜けて厳しいのは、在日コリアンが抵抗してきたからだ」という主張もあるほどです。帰化が帰化ではなく、単なる国籍変更であるのなら、彼らの希望も理解できるのですが。

坂中英徳の肩書き

坂中の現在の肩書きは脱北帰国

めに民族性は失われ、帰化を拒む親族や同胞《どうほう》とも引き裂かれてしまいました。これもまた、日本社会が生み出した不幸です。

でも、帰化をみずから選んだ人は、日本を批判する力が持てません。しかし、いま「ぐるみ帰化」させられた子どもたちが、この問題に気づきました。彼らの間に、自己の民族性を取り戻そうとする動きが始まったのです。帰化によって民族も変わった、とするのは日本政府の勝手な解釈。民族は不変だと考えれば、日本にはすごい数の朝鮮民族が存在することになります。

者支援機構代表です。彼のスタンスの中には脱北者を越え、日本から朝鮮に帰国した元日本人の総帰国をも視野に入れているようです。これはすさまじいテーマ（人権にとっても重要）ですが、情報不足でいま発言ができません。現在、日本には八〇人を越える脱北者が暮らしているのですが、完全に特定の政治勢力の管理下に抱え込まれています。この点を含め、いずれ明らかにする必要があります。韓国の脱北者支援組織に、ＣＩＡの資金が流入しているのは確かですが、これと坂中支援機構の関係は不明です。

Q26 帰化したら日本名に変わるって本当ですか？

ギタリストのクロード・チアリさんは帰化して「蔵人千有」となりましたが、だれもがこうはいきません。名前を変えずに帰化することはできないのですか。

日本政府にとって帰化《きか》とは「日本民族《みんぞく》の仲間入りを認める恩恵的《おんけいてき》な手続き」と考えられていました。だから、帰化者が自己の民族性を捨てるのは当然で、それが帰化の隠された条件だったのです。

また、日本民族の仲間入りをする、ということは日本式の氏名を名乗り、戸籍《こせき》に登《とう》録《ろく》されることを意味していました。戦前の皇民化《こうみんか》政策の中心だった創氏改名《そうしかいめい》の考え方とまったくおなじです。

しかし、一九八二年にベトナム難民《なんみん》のトラン・ディン・トンさんが「帰化するとき、むりやり日本名に換えさせられた」として、名前をベトナム名に戻す裁判を起こし、勝利しました。そのため、法務省・入国管理《にゅうこくかんり》事務所も大っぴらには日本名の強制ができなくなりました。

もっとも実際にはいまも、日本名への誘導《ゆうどう》を続けています。「名前がちがうと日本人とは見られず、不便な思いや嫌《いや》な思いをすることがありますよ」「名前は一生ついて回るもの。あなたはいいかもしれないが、子どもができたらどうするんです。家族のこと、子孫のことも考えなさい」と、こんな調子でおどすのです。法務省はこれを「本人のためのアドバイス」と称しています。

日本社会はたしかに名前のちがいによって外国人を排除し、差別《さべつ》してきました。しかしそれは政府が明治以来、人びとの心の中に植え込んできた意識にほかなりません。そのため、戦後も在日朝鮮人・台湾人の多くが本名を名乗れず、日本名を名乗って生きることを余儀なくされました。こうした生き方を強いる社会、そこには人権《じんけん》のカケラも見いだせません。

人権擁護《ようご》局を抱えている法務省は、こうした社会を変えていく義務を持っているはずです。「本人のため」と称して帰化者に日本名を強要《きょうよう》するのをやめ、名前のちがう日本人の存在を受けとめ、排除や差別が起きないような方策を構じるべきなのです。

一九八七年、家族ぐるみの帰化によって、日本名を強制された朴実《パクシル》さんが、民族名に戻る裁判に勝利しました。以後、民族名に戻る人が続出。朝鮮名日本人が増えてきました。

氏名変更《へんこう》を許可する審判《しんぱん》が出されると、戸籍（住民票も連動）が訂正されます。もっとも、これを日本式に読んだのでは、民族名に戻ったことにはなりません。そこで、戸籍に振り仮名をつけるよう、要求する人が出てきたのです。

戸籍の氏《うぢ》は「家」の表札とおなじで「家」から「家」へと受け継がれ、新しい戸籍

日本名の強要に反対する活動を報じる『毎日新聞』一九九四年一二月六日の記事

に「筆頭者《ひっとうしゃ》の氏名」として掲げられます。そして筆頭者自身も、他の家族も、名だけの存在として、この「家」に入る（入籍《にゅうせき》する）のです。

したがって、名前に振り仮名を振る（読み方に基準はあるが、ほぼ自由）ことはできますが、筆頭者欄に振り仮名を振ることはなかったのです。氏はこの筆頭者欄にしかありませんから、ここに振り仮名を振らなければ民族名は保障できないのです。

戸籍を取り仕切る法務省は、ここでも「先例がない」ことを理由に振り仮名を拒否。名だけの振り仮名しか認めようとしていません。しかし、先例にしがみつくだけでは人権を守ることができません。戸籍は国際化に対応して、根底から変更する必要があるのです。

それを考えたら、筆頭者欄に振り仮名を振るぐらい、たいした変化ではないはず。法務省はこの要求に応じるべきです。

ＮＨＫが民族読みを採用したのは八四年

人の名前はその人の顔であり、心であり、魂でもあります。他人が勝手に変えることの許されない基本的な権利です。一九八三年、最高裁はこれを人格権《じんかくけん》のひとつと認めました。

この裁判は九州の牧師・崔さんが「崔昌華《チオエチャンフア》」という名刺《めいし》を渡しているにもかかわらず、ＮＨＫが「サイ」と読んだことに抗議。損害賠償一円を求めて起こしたもので

中国人の名前の読み方

韓国・朝鮮では漢字の訓はひとつなので、読み方がわかります。でも中国は日本とおなじで、いく通りもあるため、本人にしかわからないものが少なくありません。

また、およその見当はついてもルビを要求しないのがふつうです。というのも漢字文化の国なので、漢字さえ正確なら民族の誇りは傷つかないからです。これは中国大使館員から直接聞いた話です。

ところで、漢字よりもハングルを大切にする韓国・朝鮮では、名前に漢字を使わない人が増えています。将来、在日だけに漢字が強制されるといった奇妙なことが起こる可能性もあるのです。

す。判決は名前の人格権を認めながらも「読み方は慣習」としてNHKの主張を追認《ついにん》した半端なもの。しかし翌年、韓国の大統領が来日するのを機に、NHKも読み方を変えました。大統領の名を日本式に読むのは失礼だと考えた結果ですが、大統領でなくても失礼なのはおなじなのです。

最近、本名を名乗る韓国・朝鮮人が増えてきました。たしかに読みにくいのは事実です。でも、日本名にもむずかしい名前は少なくありません。要は慣れの問題なのです。とすればやはり、本来の読み方で呼ぶべきでしょう。

戸籍に見張られた重国籍児の氏名

重国籍《じゅうこくせき》の子どもも日本人として戸籍に入りますが、氏は日本人の氏になります。申し出によって外国人配偶者《がいこくじんはいぐうしゃ》の姓《せい》を名乗ることもできますが、日本人の親が配偶者の姓に改正していない場合は、一度日本の氏を称してから改正する手続きになります。外国人の姓が生まれながらの姓であるとは認められないのです。

韓国・朝鮮人を父とし、日本人を母とする場合、韓国・朝鮮には結婚によって夫婦がおなじ姓を名乗る習慣はないので、子はどうしても一度、日本の氏を強制されることになるのです。これも戸籍の仕組みが「家」意識に固く裏打ちされ、融通《ゆうずう》がきかないために起きること。韓国・朝鮮人の民族性を圧殺《あっさつ》するものとして、問題になっています。

民族姓・名の戸籍

日本名の強制が許されなくなったため、民族姓・名の戸籍が増えつつあります。帰化の際ばかりではなく、配偶者の姓を選んでの結婚や重国籍の子の出生登録などが原因です。韓流映画の流行で、韓さんが「ハン」と呼んでもらえるようになった、と喜んでいましたがほかの文字ではこうも行きません。そこで尹《ユン》さんという人が戸籍の姓にふり仮名をふってもらうよう求めた結果「姓にふり仮名をふる慣習はない（名はOK）」と一蹴されてしまいました。姓は連綿と続く「家」の指標だからふり仮名をふる筋合いのものではない、という民族の伝統意識が覆いかぶさっているのです。名はOKですが、戸籍法上の漢字制限が邪魔しているのは問題。見直される必要があります。ニューカマーのコリアンや中国人にまた、仮りに母が夫の姓に換え、朝鮮の民族姓になっていたとしても、なお問題が残ります。子どもの名に漢字制限があるため、韓国・朝鮮では当たりまえの文字が使えないのです。この子はまた、韓国・朝鮮人でもあるのですから、伝統的な民族名が名乗れないのはおかしなことです。

韓国・朝鮮では民族名を、日本では日本名を名乗って生きる手もあります。しかし、それを決めるのはあくまでも当事者です。民族名一本で貫き通そうとする者に対して、日本名を押しつけることは許されません。

重国籍者は少なくとも二十歳まで、双方の文化を継承する権利があります。命名《めいめい》もまた、この文化の重要な構成要素です。異国の文化を無視して日本名を押しつけるのは、重国籍児に対する同化《どうか》攻撃だともいえます。これを「現代の創氏改名だ」と批判する声が高まっているのも当然でしょう。

漢字名の強制も問題です。ハングル文字や中国の新体字はどうなるのか、考えるべきことは山積みです。

Q27 いまでも続いている差別ってどんなものですか？

政府はいま、在日朝鮮・台湾人への恩給法の適用を検討中。まだそんな差別があったのかと驚いてしまいます。ほかにも改善が必要な差別はあるのでしょうか。

一九八二年、日本が国際人権条約《こくさいじんけんじょうやく》に加入したことを機に、国民年金法などの法律が見直され、国籍《こくせき》による扱いのちがい（国籍条項）が廃止されました。しかし、これは非定住外国人《ひていじゅうがいこくじん》や超過在留《ちょうかざいりゅう》外国人を含まないので、問題を分けて考える必要があります。

在日韓国・朝鮮人などの、いわゆる定住外国人が法的に差別《さべつ》を受けているものを挙げてみましょう。

①在留資格の中の退去強制《たいきょきょうせい》条項。
②外国人登録の切替え制度、常時携帯《じょうじけいたい》、重罰《じゅうばつ》規定。
③戦傷病者戦没者遺族援護法《せんしょうびょうしゃせんぼつしゃいぞくえんごほう》・恩給法《おんきゅうほう》からの排除。
④選挙権・被選挙権の剥奪《はくだつ》。
⑤教員など一部公務員職からの締め出し。
⑥朝鮮学校の学校資格・卒業資格の不認定。

差別を許した最高裁

九六年五月、定住外国人に対して、管理職への道を閉ざした東京都庁の措置は「差別であり違憲」と訴えた裁判で、二〇〇五年一月、最高裁判所（大法廷）は二審の東京高等裁判所の違憲判決を覆し、差別を合憲としました。これ以後、開かれつつあった司法判断は後退を始めています。

人権擁護法案

二〇〇五年、通常国会に上程された人権擁護法案に対して、自民党の一部が強硬に反対。人権擁護委員細かい問題はとても書ききれません。③は一九九一年に裁判が始まり、日韓間での懸案《けんあん》になりつつあります。④は「地方参政権」に限って九〇年に裁判が起こされ、九二年には参院選で「在日党」が比例区に立候補を届けたが、選挙管理委員会に拒否されています。⑤は前向きの自治体（兵庫県、大阪市など）がありますが、政府の反対で二の足を踏んでいるのが現状です。

朝鮮学校（大学校一、高級学校一二、中級学校五六、初級学校八三）のスポーツ大会への参加を認める動きが始まっています。が、これは法律ではなく、民間団体の規則。この規則までが文部省に右へならえで朝鮮学校を排除するのは、まったくスジが通りません。

このように、民間団体や社会による、法によらない差別にも大きな問題がありま す。就職差別、結婚差別、住宅差別（アパートが借りられない等）のほか、クレジットカードの取得《しゅとく》や銀行の融資《ゆうし》も制限されていますし、生命保険への加入も対等には扱われないことがあるのです。会員権から締め出すゴルフクラブもありました。

これらの差別は、戸籍謄本《こせきとうほん》や住民票《じゅうみんひょう》の提出を義務づけることでチェックされます。なかには「日本名で通すなら、オーケー」というような、ひどい所もあります。「同化か、さもなければ追放」というあの政策を、民間が自主的に進めているのです。

定住外国人にさえ、まだこれだけの差別が残っているのです。非定住外国人や超過在留外国人に対する差別が、これに輪をかけていることはいうまでもありません。

に外国人が就任できるのはおかしい、というのがその主張でした。

在日党、参院選に立候補

「奪われた参政権をとりもどそう」関西大学の李英和（イ・ヨンファ）講師の呼びかけに多くの在日韓国・朝鮮人が結集し、「在日党」が産ぶ声を挙げたのは九二年の五月。比例区名簿第一位・金文善（キム・ムンソン）さん以下、一〇名の立候補者を擁立しました。

六月五日、自治省中央選挙管理委員会で確認団体の事前審査が行なわれ、「在日党」も霞が関へ足を運んだ。結果は「戸籍謄本がないから」との理由で門前払い。実数は不明だが、「在日党」と書かれた無効票が、全国で投じられたようです。

ところで、あまり知られていないことですが、入管特例法《にゅうかんとくれいほう》で定住外国人とされる朝鮮・台湾人は「戦前から引き続き日本に在留する者とその子孫」のことで、戦後、一度日本を離れた者は除かれています。サンフランシスコ条約発効前、彼らは日本国籍者として郷里に戻り、日本国籍者として再びこの土地へ帰ってきました。こういう人たちも多かったのです。

たまたま朝鮮行きの船が手配できた人、できずに港に残った人。両者の立場に大きなちがいはありません。しかし日本は両者を厳格に区分し、前者を定住外国人の定義から除外。現在も厳しい境遇の中に捨て置かれている（入管特例法が及ばず、出国すると再入国の保証がない、等）のです。

ニューカマーにとって日本は差別のルツボである

非定住外国人の中でも、とりわけ激しい差別を受けているのがアジア人単純労働者とアジア人女性です。無権利状態を超えて、日々暴力に見張られた無法状態の下で暮らさなければならない人たちがいます。

その悲惨さについては多くを語れませんが、日本の姿勢を知るのに適当だと思われる例を挙げておきましょう。

関西新空港の建設が具体化したとき、建設省は建設費を安く上げるためにアジア人労働者の導入を企てたことがあります。海上に浮かぶ新空港を長崎の出島《でじま》のようにし

参政権に対する抵抗

一九九五年二月、「定住外国人に選挙権を与えても違憲ではない」との判断を含む最高裁判決が出されて、外国人に地方参政権を与える動きが加速しました。各野党のほか、公明党も、自民党と連立を組むにあたって参政権の実現を条件にしたほど。ところが自民党の一部が激しく抵抗。自民党の最右派からは「いっそのこと在日韓国・朝鮮人に日本国籍を与えてしまえ」という声すら上がっています。法案上程阻止のための対案といえるでしょう。そのため、参政権付与法案の実現は難航しています。

蹴ちらされたリトル・テヘラン

一九九三年、原宿に排外主義のファシズムが襲いかかりました。それまで日曜日の代々木公園は各国のニューカマーたちが集まっては情報を

日本人の差別感覚

［1］外国人の人権擁護について

問：生活上のいろいろな面で，外国人は差別されているといわれていますが，外国人の人権擁護についてあなたの意見は次のどれに近いですか。

	日本人と同じように人権は守るべきだ	同じような権利がなくても仕方がない	どちらともいえない	わからない
全　体	61.8%	16.7%	12.3%	9.2%
20〜29歳	67.7	15.2	12.2	5.0
30〜39歳	67.0	14.3	12.0	6.8
40〜49歳	59.8	18.4	14.0	7.8
50〜59歳	59.8	19.8	11.5	8.9
60〜69歳	61.4	12.7	12.7	13.3
70歳以上	48.4	20.7	10.3	20.7

［2］外国人が不利益な取扱いを受けることについて

問：外国人が不利益な取扱いを受けることがありますが，あなたはこのことについてどう思いますか。この中から一つだけ上げてください。

	外国人に対する差別だ	風俗・習慣や経済状態が違うのでやむを得ない	日本の事情に慣れるまでトラブルがあっても仕方がない	外国人だから不利益な取扱いを受けても仕方がない	その他	わからない
全　体	32.7%	31.3%	15.7%	2.1%	0.5%	17.6%
20〜29歳	45.2	25.1	15.5	2.3	1.0	10.9
30〜39歳	41.3	29.5	14.5	1.2	0.2	13.3
40〜49歳	31.2	35.4	14.9	2.1	1.0	15.5
50〜59歳	26.3	34.8	17.0	1.5	0.7	19.8
60〜69歳	24.4	32.5	16.6	3.0	——	23.5
70歳以上	23.4	24.5	17.4	3.8	——	31.0

〔注〕1988年総理府広報室「人権擁護に関する世論調査」（N＝2,320人）より。

公開するオアシスとなっていました。また、イラン人によるバザールも始まり、「リトル・テヘラン」と呼ぶ人も増えていました。これに危機感を抱いた地元商店街や警察が一連のファシズムを演出したのです。まずはホコ天のロックンローラーを煽り、イラン人弁当屋と争わせ、弁当屋二人を恐喝容疑で逮捕（不起訴）。マスコミにイラン人マフィアグループのガセ情報を流して「不良外国人」キャンペーンを始めます。そして、四月、都が代々木公園南門を閉鎖。「植栽工事」というのが名目です。八月にはフェンスの取りつけ。こうして行き場を失った外国人たちに対して、原宿駅一帯に機動隊を配置した上で、警察、入管局による一斉捜索、一斉摘発が繰り返されたのです。こうして原宿一帯は武力制圧されてしまいました。

て、労働者の全生活をここで送らせて一歩も島から出さない、という計画です。島から出せば市民生活が始まり、恋愛も家庭も発生します。そうなると定住化して帰らなくなる。それを恐れての民族隔離《みんぞくかくり》政策です。しかし、これは国家によるタコ部屋作りにほかならず、計画は断念されました。

実をいうと調整鎖国《ちょうせいさこく》の考え方も、根本的にはこの発想とおなじなのです。「お帰り願う」ことを前提にすれば、恋愛も家庭も否定されます。それは市民生活の否定であり、基本的人権《きほんてきじんけん》の否定なのです。あらゆる差別が「お帰り願う」ために合法化されてしまう。そうなれば日本の人権レベル全体が地に墜《お》ちてしまうのです。

いま、アジア人単純労働者の多くが山間のダム建設や護岸工事に動員されていますす。周囲から隔離されているため、事実上のタコ部屋状態になっているのです。そして、彼らの慰《なぐさ》めに日本の業者によるアジア人女性のクラブ・バーができています。そこで行なわれる買売春《ばいばいしゅん》は「からゆきさん」や「従軍慰安婦《じゅうぐんいあんふ》」の構造とそっくりです。

と同時に、一種の民族隔離政策が貫かれていることに注意してください。出島や関西新空港の発想ともおなじなのです。

私はもうひとつ、不愉快な連想をしてしまいます。日本は敗戦後アメリカ軍が入ってくると「大和《やまと》なでしこの純血《じゅんけつ》を守る」と称して、アメリカ軍用の売春婦を組織しました。国が希望者を募って、配置したのです。

この発想は従軍慰安婦の発想を裏返したものですが、最大の目的は民族の隔離にあ

ちなみに、三年後の九六年には歩行者天国も廃止されロックンローラーも締め出されることになりました。

大泉町の悲鳴

群馬県邑楽郡大泉町、電機や重工業が集積する人口四万二〇〇〇の町ですが、うち六八〇〇人が外国人という外国人比率の高いところです。以前から外国の不法就労者に支えられてきた町ですが、一九九〇年に入管法が改正され、日系人に単純労働が認められたため、一気にブラジル人が流れ込んできます（彼ら「デカセギー」は四九〇〇人に達し、コミュニティーを形成します。成功者も現れ、「デカセギー」を雇用するまでになっていました。ところがバブルがはじけ、日本の外国人政策が転換します。もっと安く使える中国人を研修生として受け入れたのです。

りました。アメリカ人との恋愛や家庭の形成を極力抑えて、民族の混交《こんこう》を防いだのです。従軍慰安婦の問題は戦後補償《せんごほしょう》の問題にとどまるものではなく、この国の性や恋愛、家族や民族の考え方や管理政策に関わる問題なのではないでしょうか。

定住家族主義は非定住・単身者を切り捨てる

「非定住外国人にも国民健康保険や年金を」という声。私も賛成です。しかし、日本の保険や年金はあまりにも定住家族に手厚く、非定住単身者は不利に作られているのです。このままでは多くの外国人が「やらずぶったくり」状態にされ、日本人家庭を支えさせられることになります。

保険や年金、税制や給与（手当を含む）、住宅などが持つ家族偏重《かぞくへんちょう》主義を見直さなければ、真の内外人平等を実現することはできません。メスを入れなければならない点は多いのです。

大泉の企業群もシフトを歓迎。中国人が増えると、ブラジル人の東海地方への出稼ぎが始まります。置いていかれた家族・子どもたち。コミュニティーはその支えに必死です。政策は子どもの将来を含めて立てられるべき。お帰り願う、などという場当たり的なご都合主義は絶対に許されません。

Q28 世界は本当にボーダーレスになっているのでしょうか？

いつか世界はひとつになり、国境がなくなると思います。その理想に一歩でも近づけたら、と思うのですが、世界の現状はどうなっているのでしょうか。

一九八〇年代、世界の価値観が縮小し、国境の役割の低下が進んで世界の「ボーダレス化」が期待を込めて語られた時代がありました。確かに世界交通の高まりは地球をますます小さくし、経済規模の拡大はこれまでの国境（ボーダー）線を定めてきた国民国家の枠組みを踏み越える必要に迫られていたのです。とりわけ西ヨーロッパの経済統合は、日本からの市場防衛という視点からも急がれました。ＥＵ統合は国連を巻き込んだ世界のボーダレス化をテコに実現しますが、統合後はＥＵの防衛という観点が重視され、ブロック化が始まります。ＥＵ域内のボーダレスとＥＵ域外に対するボーダフル現象とが同時進行するわけです。

西ヨーロッパがボーダレスを追求している間、世界の人権意識は飛躍的に高まりました。その際「人権に国境はない」との言葉も生まれています。西ヨーロッパの社会民主党政権が東側の人権、すなわち家族法が規定する平等原則を受け入れ（とりわけ大きかったのは東側家族法の原則である婚外子差別の禁止、事実婚の容認を西ヨーロッパ各国が受け入れたことでしょう。これがなければ家族法においてもっとも平等が進んでいた東ドイツを西ドイツが統合することは不可能でした）、価値観の統合が起こったことも見逃せません。これが一九九〇年の東ヨーロッパの崩壊と東西ドイツの統一を準備したのです。

グローバリゼーションの進行

もうひとつ、世界のボーダレスを牽引したのが西側の盟主・アメリカです。アメリカは世界をひとつの経済秩序（資本の自由化、金融の国際化）に組み込むため、国家の政策を縛ろうとしてきました。市場への国家の介入を認めず、市場原理に任せようというもので、これをグローバリゼーションと表現しました。しかし、これは資本が持つ暴力的な側面を放置するもの（格差社会の拡大、世界金融の破綻を結果するものでした）で、これに対する非難はＩＭＦによる世界支配に対する国際的な反対運動を頂点に、多くの批判にさらされています。

アメリカは東南アジアのブロック化に反対し、日本がＡＳＥＡＮと経済的関係を強めることを阻止し、アメリカを含む環太平洋経済協力会議（ＡＰＥＣ）の設立を日本に迫りました。これを受け入れた日本は東南アジアでの経済リーダーとしての資格を失い、東南アジアの中国接近を招くことになります。一九八九年にインドネシアで開催された第一回ＡＰＥＣに、アメリカ（クリントン大統領）は国内事情を理由に欠席。

開城《ケソン》工業団地の建設

軍事境界線のすぐ北に高麗時代の首都・開城があります。韓国と朝鮮は二〇〇二年に合意。ここに一大工業団地の建設が始まりました。二〇一二年の完成時には団地だけで二〇万人が働く大工業都市になります。南の技術力を活かし、北の労働力によって生産された製品の国際競争力は破格のものと予想されます。この共同事業は着々と進み、〇五年現在、四工場が操業を開始。〇八年の国境閉鎖時でも団地への往来は確保されています。南北を単純な敵対関係と見なしていると、アジアの将来像を誤ります。

カナダ、メキシコとの経済ブロック化を目指した北米自由貿易圏（ＮＡＦＴＡ）をさっさと設立してしまいます。アメリカが進めるグローバリゼーションとは明らかにアメリカの国益の都合にあわせたもの。裏表が激しいのです。

　この、ブロック化を含む国益至上主義は、東側、社会主義の崩壊によっていっそう顕著になってきています。対東側、対社会主義という結束原理を失った西側、資本主義社会は、資本主義の原理のままに経済競争を勝ち抜かなければなりません。それまでの同盟国同士が国益の名の下に競い合う暴力的な世界への逆戻りです。こうした時代には偏狭で過激なナショナリズムが大手を振るい、世界のボーダフル化が進みがちです。国境、国籍、人種、民族、宗教、言語、習慣のちがいを強調してボーダーを引き直す試みは国境紛争から宗教戦争、民族浄化に至るまで、戦争の口実に溢れる世界が生まれがちです。世界をそうしないために、新たな考え方や国際的な枠組みが必要となっています。

東アジアでの展開

　ヨーロッパでの東西冷戦の終結は、当然、東アジアにも影響を与えました。ソ連の食糧援助に依存してきた朝鮮民主主義人民共和国（朝鮮）は天候不順等も重なり、食糧危機に陥り、食糧支援要請を含め、韓国（や日本）との対話に乗り出してきたからです。一九九〇年九月、南北首相会談が始まり。翌年には基本合意が採択され、国連

朝鮮の食糧政策

　日本は朝鮮を併合すると、気候条件を考え、南半分に日本の食糧庫としての役割を押し付け、北半分には工業生産だけを強要しました。北の農業基盤は破壊されたのです。解放後、旧ソ連も北の工業力に期待し、その生産力を食糧援助で支えたのです。いびつな国家事情は日本の占領が生み出したものなのです。

同時加盟が実現されています。

日本も南北和解「雪解け」の流れに乗り、九〇年九月、金丸訪朝団が朝鮮労働党との間で国交正常化交渉を始めるための共同宣言を取り交わします。その内容については内外でさまざまな批判を呼びましたが、アメリカが核疑惑を持ち出して妨害に出た事が行き詰まりの決定打になりました。

同様の和解ブームは九八年に大統領になった金大中が太陽政策を打ち出したことで再来。二〇〇〇年六月には分断後初の南北首脳会談が実現し、統一を視野に入れた共同宣言が締結されています。九九年に始まった第二次日朝交渉は〇二年九月、小泉首相の訪朝による平壌宣言に結実しますが、このときもアメリカが核疑惑（及びテポドン発射）を持ち出して日韓を牽制。朝鮮半島非核化のための六カ国協議を生み出すとともに、日本においては拉致疑惑の完全解決を求めるという、対話とは逆行する難問を抱え込んでしまうことになります（このお膳立てにＣＩＡが関与していたことはほぼ間違いありません）。

いずれにしても、南北の和解、日本を含む極東の雪解けはこの地域におけるアメリカの軍事プレゼンス（存在感）の低下をきたします。そうなれば中国に対する台湾海峡での威圧感も失われるため、アメリカはなんとしても朝鮮半島での足場を失いたくないのです。もっとも、この地域での中国の存在感が増大するにつれて、アメリカの地位が後退している事実は否めません。

南北交流の深まりを示す合作アニメ「シムチョン」

極東でも南北和解から統一へ、中国への台湾の復帰といった変化は十分予測可能です。南北の対立や中台の対立は日本の反共主義者が騒ぐほど絶対的ではありません。日本も民族統一を視野に入れつつ、将来の舵を取っていくほかはないでしょう。こうした動きを即、ボーダレスということはできませんが、アジアにも価値観の接近によるボーダレス現象を随所に見ることができます。ＡＳＥＡＮ統合の動きや印パの雪解けによるカシミール紛争の棚上げ、労働力供給地帯としての南アジア諸国の、国境を越えた労働者の人権保護の要求などです。いくつかの国家間では国境そのものの溶解現象も起こっています。

そうした国家の影響力の相対的な低下を口実に、干渉を強めようとする大国の思惑が戦争や国境の再確立、ボーダフル現象を生み出すこともありえます。軍事大国はそのような紛争に干渉し、存在感を示したがる（そうでなければ軍事予算が削減されてしまうため）ものだからです。しかしもちろん、現在のボーダフルな流れは世界史の中の小さな逆流です。大きな視野に立つならば、世界はやはり縮小を続け、ボーダーは限りなく低くなり続けることでしょう。

ただしその場合、ボーダレスを導くキーワードは金融や経済ではなく、あくまでも人権であって欲しいものです。

台頭する中国経済

中国は二十一世紀の後半、ＧＤＰでアメリカを抜いて世界一の大国になるのは明らかです。唯一の懸念は、それを恐れるアメリカの軍事行動（日本を巻き込む）です。でも、アメリカのイラク侵略は土壇場のあがきで、中国の台頭を四半世紀早めました。つまり、中国がアメリカを越えるのは二十一世紀前半です。アメリカがそれを抑える軍事行動にでる可能性も消滅しました。ちなみにアフガニスタンは広大な空虚です。面子で進攻を続けるアメリカに日本は追従してはなりません。

Q29 9・11事件以後、世界は変わったと聞きますが？

9・11同時多発テロ以降、テロ対策で日本も世界も大きく変わったと聞きます。世界がボーダフルになったと感じますが、その実態を教えてください。

世界が（といってもアメリカとEU、それに日本ですが）ボーダーレスからボーダーフルへと舵を切ったのは、アメリカで同時多発テロが起きた二〇〇一年の九・一一からではありません。G7（主要先進国首脳会議）がテロとの闘いを掲げたのは冷戦終結の可能性が見えてきた一九八九年のアルシュ・サミットが最初。ポスト冷戦を対テロ戦争（対テロ支援国家）に向けたことに始まります。

日本が一貫したボーダーフル国家であることは、これまでの記述でご理解いただけると思います。それでも国際人権保障の流れと無関係ではないので、すこしずつ国境を開いてきたのは事実です。ところが一九九四年に予期せぬことが起こりました。アメリカが核廃棄問題で行き詰まり、朝鮮を攻撃しようと腹をくくったのです。

驚愕《きょうがく》したのは韓国と日本です。韓国は国家存亡の危機、民族存亡の危機ととらえ、アメリカの攻撃を必死で阻止しました。でも日本は、アメリカの攻撃を容認する以外の手立てを持たず、攻撃があった場合の日本側の対処方針もありませんでした。内

ハイジャック事情

当時はハイジャック防止の国際協定を相互に結ぶといった民間航空のゲート・チェックが中心でした。イギリス機がスコットランド上空で乗っ取られ墜落するなど、英米はすでにハイジャックに悩ませられていましたが、他の国にとっては将来予測に近いものでした。

西ドイツと異なる韓国

経済破綻でIMFの管理下に置かれていた韓国にとって、ベストなシナリオ（無抵抗降伏）でアメリカが

閣官房事務次官・石原信夫を中心に、緊急対策・シュミレーションが練られたのです。これが日本のボーダーフルを強める声と結びつくのです。

急浮上した難民対策

朝鮮半島から押し寄せる戦争難民（ボートピープル）は万単位を越えます。日本も中国・ロシアとの対抗上、一〇万、三〇万といった段階を踏みながら、最終一〇〇万の受け入れを覚悟します。といっても受け入れ地は離島か地先（半島の突端など）。体のいい隔離収容策《かくりしゅうようさく》なのです。難民申請者から指紋を採取したり、難民申請中は送還しない、などという改正は、この隔離収容を合法化するための方便なのです。もっとも隔離には限度があります。長期にわたれば国際非難にさらされます。いずれは難民として保護され、生活の自由を手にします。日本が恐れたのは彼らが在日社会に混住し、反政府勢力として行動すること。そこで混住を防ぐ手立てが急がれたのです。

テロ対策の同床異夢

日本の問題はちょっと置き、英米とEUを見てみます。冷戦によってバランスが取れていた世界（とりわけ中東）に対し、バランスの喪失（ソ連の影響力の喪失）をいいことに、ソ連の援助をあてにしていたイスラム圏（朝鮮も同様）にかさに懸かった圧力を加えれば反発が生まれます。圧力が死活問題であればテロに走るのも当然です。

勝利しても、北を抱える力はありませんでした。といって、アメリカの占領を許せば、韓国経済立て直しの切り札、対ロ、対中貿易に支障が生まれます。ロシアも中国も、アメリカの朝鮮占領は絶対に許さないからです。

テロは歓迎されていた

対テロ戦争を軍事予算確保の口実にしたアメリカの軍産複合体（戦時を商売にする軍事産業・軍・CIAなどの統合勢力）は、テロを歓迎します。その結果、不思議なテロが相次ぎます。軍事予算の半分をロシア・東欧支援に回そうとしたクリントン政権は、政策見直しを迫られていくのです。対中、対朝政策が、軍産複合体と共和党のネオ・コンサバティブ・グループの主要なターゲットでした。その後に表明されるのが九五年、オクラホマシティー連邦政府ビル爆破事件、九六年サウジアラビア・アメリカ軍施設爆破事件、九八年、ケニア・タンザニア米大使館同時爆破テロ事件。最後の事件では、何の裏づけもなく、アメリカはビン・ラディンを引き渡さなかったという理由で、スーダンとアフガニスタンを空爆しています。この間、世界はアメリカに引きずられ、湾岸戦争を支持し、テロ支援国家指定に異議を挟まず、テロ対策としてのマネーロンダリング（資金洗浄）規制を受け入れ、アメリカによる金融の監視システムを許してしまいます。

この間、EUは最大の懸案であった通貨統合を実現します（一九九九年）。それまでボーダーレスの牽引車であったヨーロッパが、EU統合の結果、ボーダレスよりEU域内とEU域外とで線引きを明確にするボーダーフルに舵を切るのです。

でも、ホンネはそんなものではなく、EU統合の次のスケジュール、司法・警察統合のためにはテロ対策という口実が有効だったのです。歴史的にも文化的にも入り組んだ利害（ナチスの体験はヨーロッパにとって拭いがたい重さを持っています）の中で形成されてきた人権意識は、各国それぞれに異なった司法・警察制度を育てていたからです。

9・11はアメリカに向けられた国際テロを、国連あるいは世界の名で圧殺するチャンスでした。だからアメリカは根拠なしに事件をアフガニスタンのタリバーン政権に結びつけ、裏にアルカイダの首領ビン・ラディンがいると決めつけます。世界もこ

テロ支援国家「朝鮮・イラン・リビア」との闘いです。

急増するマグレブ対策

排外的な姿勢（フランスのチャドル着用規制など）はEU各国が頭を抱えていたマグレブ（欧州が支配してきた北アフリカのイスラム教徒）問題に「俺たちの仕事を奪う奴らを追放しろ」というスキン・ヘッド（右派、排外主義を掲げる若者の風俗に着目してこういう）たちの要求に応えるポーズなのです。

EU議会のアメリカ理解

EUは九九年のケルン・サミット以降、アメリカに同調。アメリカが提示した盗聴法（通信傍受法）や共謀罪（越境犯罪謀議取締法）に理解を示します。二〇〇〇年には世界を監視するシステム（エシュロン）を

れに流され、アメリカのアフガン進攻を容認・支援します。図に乗ったアメリカはビン・ラディンとサダム・フセインとを二重写しにして、イラク攻撃に踏み出します。

でも、イラク進攻に対して、EU（中核のドイツ・フランス）はNOと言ったのです。では、真っ先に支持を表明した日本とはいったいなんなのでしょうか。このときから日本のアメリカ追従はいっそう鮮明になり、日本はアメリカ型のボーダーフル社会に近づいていきます。その原因に迫ってみましょう。

日本の負い目・戦後処理

日本は戸籍処理の都合で、在日韓国・朝鮮人の日本国籍を奪ってしまいました。日韓条約で韓国はこれを追認しましたが、国際的には許されないことです。国籍選択権を与える、というのが世界の趨勢だからです。だからもしこの措置に朝鮮が同意しなければ日本の戦後処理は国際非難を浴び、再検討を迫られることになります。ソ連の援助を失い経済的な苦境に陥った朝鮮の弱みにつけ込む。日本はここに光明を見出し、金丸訪朝団を組み、日朝国交正常化交渉に道筋をつけ、二度にわたる小泉訪朝を演出して戦後処理＝賠償をしようとしたのです。三顧の礼は日本にとって必要なことだったのです。

しかしこの決着は拉致問題の焦点化によって吹き飛んでしまいます。拉致はテロ同様、許されないことですが、犯罪であって戦争ではありません。警察問題、沿岸警備問題にしながらも、アメリカを指弾せず、同様の監視システムをEUも手に入れる方向に舵を切ります。アメリカはこの流れをチャンス到来と受け止めたのです。

EUとアメリカの離反

アメリカのイラク進攻は世界に受け入れられるものではありませんでした。イスラエルのためにイスラム社会を抹殺する、という許しがたい青写真に乗って行動するイスラエル・ロビーストがニューヨーク（彼らの集住地、莫大な政治資金の集積地）を動かし、アメリカを動かし、EUを動かし、世界を支配していた、この図式が崩れたのです。

問題なのです。日本の刑事告発に限界があるとすれば、外交（国家間の司法・警察共助）によって解決すべきなのです。ところが日本は「テロは戦争である」とするブッシュの短絡的な発想に乗り、朝鮮の政権打倒に走ってしまいます。そうなれば日本に独自交渉力はなく、六カ国協議というよりアメリカのイニシアチブに頼るほかありません。日本はアメリカのポチ、「ブッシュ・ホン」になるしかなくなったのです。

戸籍を守りたい日本政府は、二つのエクスキューズ（存続を認めてもらうための手立て＝口実）を立てました。ひとつはこの制度が日本固有の制度ではなく、アジアの家族制度になじむ大事なものであることを承認させること。もうひとつは、この制度がパスポートの偽名を防止し、国際的なテロ抑止に役立つことを認めてもらうことでした。前者は韓国が戸籍を放棄したため断念（一六五頁注参照）。後者はテロ抑止にもっと有効なアメリカの入国管理システムを、黙って受け入れざるを得ないところに追い込まれてしまったのです。

在日から新規入国者への転進

G8の中で、日本は「テロ抑止の技術＝手段を持つ国は、持たぬ国に対してその技術を提供する権利と義務を負う」という条項を押し込んだようです。日本が期待したのは戸籍制度の容認です。でも、日本の制度に注目した国はありませんでした。同《どう》床異夢《しょういむ》の中、EUと英米はイラク戦争を巡って離れていきますが、日本はアメリカ追

日韓地位協定

日韓条約の付属文書として、もめにもめながらも地位協定が結ばれます。ここで韓国は日本の在日韓国人の国籍処理を容認したのですが、苦渋に満ちた会談でした。国籍選択権を与えるべきだった、という韓国の主張に日本も同意。しかし、もう手遅れだ、という日本の主張に韓国が折れたのです。

上海ファイブとはなにか

一九九六年、国境の安定を主眼に集まったカザフ、キルギス、タジク各共和国と中国、ロシアが「上海ファイブ」です。二〇〇一年、これにウズベクが加わり上海協力機構（SCO）となり〇二年、ブッシュの「テロとの戦争」宣言以降、反米同盟の傾向を強め、〇五年には中ロが共同軍事演習、〇七年には六カ国共

従以外の選択肢を持ちませんでした。そのため、日本の思惑がアメリカの都合に左右されることになります。

アメリカのテロ抑止技術＝出入国管理システム（このシステムを一手に開発したのはアメリカの国策会社で、バーミューダ諸島に本社を移した国際企業＝アクセンチュアです）を日本も受け入れよ、ということです。「出入国管理を外国企業のシステムに任せるのはいかがなものか」という反対の声は、国会でも論議になりましたが、二〇〇五年、旅券法を改正して通関システムをアクセンチュアに託しました。

〇八年、このシステムは法改正もないまま、ＩＣＰＯ（国際刑事警察機構）の国際手配写真と顔認識プログラムによって結ばれました。おそらくＣＩＡのリストとも結ばれるのでしょう。日本の通関ゲートはアメリカの国家安全に寄与させられているのです。日本はそれを隠しつつ、新規入国者に対する規制を強めています。難民対策から新規入国者対策へと、日本の入管行政が変容を遂げているのはそのためです。新規入国者は在留カードの携帯を義務づけられ、自治体ではなく法務省の管理下に置かれようとしています。

これを受けて、入管法・外国人登録法の抜本改定（戦後最大の改悪か）がスケジュールに登っていますが、問題はオールドカマー、在日の永住者（特例永住、一般永住）に携帯が義務づけられている外国人登録証の扱いです。廃止の声も出ていましたが、朝鮮問題を理由に治安当局が反対。特別永住者証明書の常時携帯制度の導入がもくろま

同軍事演習がおこなわれます。この間にモンゴル、インド、パキスタン、イランがオブザーバー参加。ベラルーシ、独立国家共同体、ＡＳＥＡＮが参加を希望。参加を打診したアメリカとアフガニスタンは拒否されています。現在では経済協力、文化交流など関係は全面的なものとなっていて、世界最大のブロックに発展する可能性を秘めています。アフガン、イラクでアメリカに協力し、米軍基地を置く日本は完全に無視されており、東南アジアからも見捨てられる恐れがあります。

感情に依拠した政策

ブッシュ政権末期のアメリカは、他の三カ国（中ロ韓）同様「朝鮮半島の非核化」を巡る六カ国協議における日本の「拉致問題」提起に距離を置きはじめました。拉致問題は日

れているのです。でもそれ以上の問題は、最終的な狙いがアメリカの社会保障カード並の新カードの創設、すなわち日本人を含む社会保障カードの創設と携帯制度の定着にある点です。

本の問題であり、日本と朝鮮が直接交渉で解決すべき問題だ、ということです。拉致はテロ、テロは戦争、というブッシュの発想は間違いなのです。が、それに乗った日本の愚かさが目立ちます。感情に依拠した政策は危険です。振り上げたこぶしが降ろせなくなり、戦争だけが唯一の解決になるからです。

Q30 朝鮮の南北統一は日本にどんな影響を与えますか？

朝鮮半島の統一が日本に与える影響は大きいと思います。私たちに身近な人間関係にも変化が起きると思いますが、国際結婚などはどうなるのでしょうか。

日本の戦後処理《せんごしょり》は朝鮮半島の分断《ぶんだん》を利用したものでした。東西冷戦《とうざいれいせん》の直下にあった韓国は、日本との和解を指示するアメリカに逆らうことができず、日本との妥協を余儀なくされました。これが在日韓国・朝鮮人の人権《じんけん》を劣悪《れつあく》なものにとどめる原因になったのです。

したがって、やがてくる南北統一が日本に与える影響は計り知れません。戦後処理の総点検はもちろん、東アジアの経済ブロック構想の展開にも決定的な影響を与えることになります。

もっとも、それ以前に日本が朝鮮民主主義人民共和国の承認を必要とするはずです。これだけでも、大きな問題が予想されるのです。

生活領域が重なる人たちが、対立する家族法《かぞくほう》を維持するには困難が伴います。恋愛や家族は対立を超えて結ばれますが、それを規律し、保護するルールが一本化できないからです。子どもの平等を優先する社会主義家族法と、家族の管理支配を優先する家父長制《かふちょうせい》家族法の国は水と油。同居はむずかしいのです。

たとえば、朝鮮民主主義人民共和国（以下「朝鮮」と略記）の国籍法《こくせきほう》は以前から父母両系主義でした。そのため、日本人父と「朝鮮」籍母の子は昔から日朝の二重《にじゅう》国籍者なのです。とすると、孫にもまた潜在的に「朝鮮」籍が伝えられていることになります（共和国法は父母の協議で子の国籍を決める）。

この例は、国籍選択制《せんたくせい》を導入した今日では起こり得ないことですが、もっと大きな問題があります。というのも、「朝鮮」のいう父母とは婚姻《こんいん》下にある父母とは限らないからです。子どもを婚内子と婚外子で差別していないので、婚姻外の子でも、親の一方が「朝鮮」の国民なら、父母の協議によって「朝鮮」国籍を与えることができるのです。

たとえば「朝鮮」籍父と日本国籍母が非婚で産んだ子（世界はこの子を〝婚外子〟など、特別な呼び方をすることも差別だとしている）は、「朝鮮」国籍法では二重国籍ですが、日本の国籍法では日本国籍ひとつです。この子には国籍選択制度が適用されないため、日本国籍を捨てることができない、という問題がいま、現実に持ち上がっています。

日本は国内に「朝鮮」と中華人民共和国という社会主義国の国民を抱えているため、大きな矛盾に晒《さら》されています。中国に関しては平和条約《へいわじょうやく》締結時の密約《みつやく》で、日本にいる中国人をすべて台湾省民とみなすことで矛盾を先送りしました。「朝鮮」については「国交《こっこう》がないため、正式な共和国法を知ることができない」という理由で、すべての

立ちあがった婚外子

一九九九年三月十七日、朝鮮人父と日本人母を持つ在日朝鮮人婚外子十数人が「日本国籍からの離脱」を求めて、人権救済を申し立てました。朝鮮民主主義人民共和国が自国民であることを認めている人たちであるにもかかわらず、「韓国法」をタテに、これを認めない日本政府の姿勢が初めて問われることになったのです。

在日韓国・朝鮮人に韓国法を適用しています。

国交がないからといって、その国の人の国籍法や家族法を無視することは許されません。そこで日本は「熟知《じゅくち》している」くせに「知ることができない」ことを理由に、「朝鮮」の法体系を拒否しているのです。

この解釈と、この措置は「朝鮮」に対する主権《しゅけん》の侵害であり、「朝鮮」公民に対する人権の侵害であることは明白です。この状態を放置したままでは、日本が「朝鮮」を承認し、国交を回復することは不可能です。すでに始まっている国交正常化交渉で、日本はどこへ行こうとしているのでしょうか。

アジアでは社会主義家族法が危ない

ヨーロッパでは社会主義家族法が勝利し、届出婚《とどけでこん》を守るために婚外子差別を正当化してきた西側の国々は、一九七〇年代に入ると相次いで家族法を修正しました。

東アジアでもおなじことが起これば、日本、韓国、台湾の家父長制《かふちょうせい》家族法は修正を余儀なくされ、家族の管理支配の中心である戸籍《こせき》制度は家父長制「家」制度の遺物《いぶつ》として、解体せざるを得なくなります。

日本の国家管理の根幹であり、あらゆる差別の根源である戸籍制度、これが解体することは人権にとって大きなプラスです。しかし、それだからこそこの国の支配層は、戸籍の防衛をまるで日本の防衛のように考え、守ろうとしてきたのです。では、いったいどうやって守ろうとしたのでしょうか。

東アジアでは家族法の分野でも西側が勝利する――これが実現できればいいのです。「朝鮮」の韓国化、中国の台湾化が実現できれば、人権を犠牲にしたまま、家族を管理することが可能です。そうなれば、戸籍も便利な制度として広まります。

戦後、戸籍を放棄《ほうき》した「朝鮮」、長い歴史の変転の中で戸籍を忘却《ぼうきゃく》した中国。しかし、どちらにも家族や血縁《けつえん》を重視する儒教《じゅきょう》精神は残っています。ここに日本のつけ入る余地があるのです。

中国は天安門事件《てんあんもんじけん》以後、革命的儒教主義を取り入れ、日本企業の「アジアの発展は儒教が育てた勤勉さのたまもの」という主張に応じました。そして国勢調査《こくせいちょうさ》を日本に依頼。それを土台にして、日本の戸籍制度に近いものを作ろうとしています。

「朝鮮」もまた、「国交樹立の条件として、朝鮮の財産法《ざいさんほう》、家族法を制定せよ」という日本の要求に応え、民法《みんぽう》・家族法の制定を急いでいます。というよりも、一九九二年には制定作業を終え、日本との交渉に入っています。

「朝鮮」はこれまで民法・家族法を持っていませんでした。ソビエト民法に沿う形で、国を運営してきたので、必要なかったからです。日本はこの制定を、国交正常化の前提にしました。「朝鮮」が社会主義家族法を振りかざしたら、家父長制家族法の日本は大混乱に陥るからです。

「朝鮮」も日本の要求をよく知っています。制定予定の民法・家族法は限りなく韓

革命的儒教主義

社会主義中国にとって、儒教は排撃の対象（文化革命の際は孔子廟さえ攻撃された）でした。国交回復のとき田中首相が日本の侵略をわびると、周恩来首相は孔子をはじめとする儒教の浸透をわびたといいます。が、改革解放路線がとられると一転、日本を始めとする韓国、台湾、香港の経済的成功を思想的に評価する「革命的儒教思想」と称する主張が一時的に登場。裏には日本の進出企業の資金的バックアップがありました。

国法に近いものです。南北統一の下地作りの意味もありますが、日本の要求に応じて援助（賠償《ばいしょう》を名目とする）を引き出すのが主目的です。

それはともあれ、「朝鮮」家族法の家父長制への屈伏《くっぷく》（六親等《ろくしんとう》間では結婚できない等）は、戸籍の再建を必要とするものです。「朝鮮」もまた、中国同様、戸籍を持つ国になるおそれが強かったのです。

日本の青写真崩壊と東アジアの解放

朝鮮がなんとしても手に入れたい戦後保障と交換に、家父長制民法の受け入れ（及び日本による国籍剥奪措置の受け入れ）に同意した。このチャンスを逃したくなかったのは日本です。というのも東アジアが戸籍を受け入れる鍵は、戸籍を高く評価している韓国の儒教勢力（儒林）にあったのですが、その勢力が近年急速に衰退し始めていたからです。

韓国の家父長制に反対する女性運動は、一九七〇年以来、キリスト教系市民運動と結びついて戸籍制度批判を強めました。そして、戸籍の仕組みは日本の「家」制度にマッチしたもので、韓国伝統の家長制度とは異なるもの、すなわち日本の占領政策の置き土産であるという精密な研究が現れて以来、儒林は守勢に回ってしまったからです。

急がなければ朝鮮に戸籍制度を植え込むより先に、韓国の戸籍制度が崩壊してしま

戸籍問題で連帯する女性たち

日本の女性たちは家父長制家族法に対する不満から、近年ようやく戸籍制度の不当さに行き着きました。「結婚を届ける必要はない」「届けようが届けまいが、子どもは平等でなければ」という主張や実践です。

おなじように韓国の女性も戸主制度に疑問を感じ、廃止を追求するうち「問題は戸籍制度そのものにある」との結論に達し、全斗煥政権の末期には大統領に戸籍の廃止を約束させています。この力が二〇〇五年の民法改正や〇八年の戸籍廃止に結ばれたのですが、新聞はこれを「戸主制の廃止」とのみ伝えているので、日本の運動は韓国からのエネルギーをエンパワーできていません。

う恐れが出てきたのです。政府サイドの必死のアプローチ、その切り札が小泉首相の訪朝（平壌宣言）でした。

が、その結果は拉致問題の急浮上によって失敗。二の足を踏んでいる二〇〇五年三月に韓国が民法を改正。家父長制国家からの決別を果たし、〇八年一月一日から戸籍制度を廃止して新家族登録制度に移行してしまったからです。

これによって東アジアが戸籍によって結ばれる（相互に家族・親族情報を交換しあうのが狙い）国家群になる、という日本政府の野望は費えました。東アジアにとって朗報ともいうべき事件です。

『戸籍って何だ』、佐藤文明著、緑風出版、二〇〇二年刊

Q 31 日本の少数民族や北方領土の人たちはどうなりますか?

国籍や民族を超えて、いろんな人たちと仲良くしたいと思っています。在日外国人、先住民、北方領土の人とも、です。領土のことより住民のことが知りたい。

北方領土《ほっぽうりょうど》とは歯舞《ハボマイ》・色丹《シコタン》・国後《クナシリ》・択捉《エトロフ》のことですが、国後・択捉が他の千島列島の島々とは性格の異なる「日本固有の領土だ」という論理には、ちょっと無理があります。そのため、返還《へんかん》にはなお曲折《きょくせつ》が予想されます。

それはともかく、北方領土には住民が存在します。ロシア人とわずかなアイヌ人で、日本人は住んでいません。日本人だけが暮らす土地であれば返還は簡単、国際法《こくさいほう》から見てもなんの問題もありません。しかし、他民族の住む土地である以上、その人《じん》権《けん》を保護することが国際的にも重要なことになるのです。

一九九二年、エリツィン大統領が「未解決（北方領土）の問題」を協議するため、日本に来る予定がありましたが、宮沢《みやざわ》首相は大統領を迎えるに当たって「住民が島に残ることを認め、日本国籍《こくせき》を与えることも考えています」と発言。柔軟な対応をアピールしようとしました。

しかし、国際法を知る人はこれを聞いてあきれ返ったにちがいありません。住民の残留《ざんりゅう》を認め、国籍を与えることは当然のことで、柔軟な対応でもなんでもありません。むしろ住民を追放《ついほう》したり、日本国籍の選択権《せんたくけん》を与えずロシア国籍のまま放置したり、一方的に日本国籍を押しつけることこそ許されない行為なのです。

宮沢首相の発言は、追放もありうることを前提とするもので、基本的人権《きほんてきじんけん》を無視した前近代的な発想に裏打ちされたものです。それはまた、日本には北方領土（それは領民《りょうみん》をも含むものなのだ）を受け容れる資格がないことを暴露《ばくろ》したことでもあるのです。日本にとって、北方領土の返還とは「日本人の北方への進出」であって「領民の日本への受け容れ」ではないのです。しかし、返還を実現するためには、異民族を受け容れる覚悟と準備が必要で、これのない返還は人権上絶対に許されません。

最低必要なことは、①住民の残留《ざんりゅう》または移住《いじゅう》の保証、②その際の財産権《ざいさんけん》の保障、③国境を越えた親族《しんぞく》の交通権の保障、④国籍選択権の付与《ふよ》、⑤ロシアの国籍に留まる者とその子孫の在留権《ざいりゅうけん》の保障、などです。宮沢首相の発言はこの五項目に照らしてみると、あまりにおそまつすぎることがおわかりになるでしょう。

また、細かくはロシア名を保持する権利や現に存在している契約の追認、職業や資格、教育などの継続権《けいぞくけん》の保障などのほか、ロシア人残留者が多い場合には文化的伝統の継承やロシア語の公用、ロシア語教育の機会付与まで考慮する必要があります。

こう考えると、日本人の旧住民が島に残した権利（土地所有権、漁業権、鉱業権等）を回復することは不可能なことがわかります。それはまた先住民《せんじゅうみん》であるアイヌ人の権

利にもいえることです。日本はまた、これらの権利を、ロシア人住民の権利を妨げない範囲で調整し、適切な補償《ほしょう》をして解決する義務を負っています。

調整の際に、他の千島アイヌや樺太《からふと》アイヌ、北海道アイヌの権利主張を無視できるとは思えません。南千島が「アイヌ民族固有の領土」であったことは歴史的な事実です。日本政府はいま、この主張を認めていませんが、アイヌ民族が国境《こっきょう》をまたいで存在している以上、これはそのまま国際問題です。国際社会の審判《しんぱん》をうけざるを得ないわけです。

北方領土の返還が具体化すればするほど、こうした問題がクローズアップするでしょう。その際、日本が一貫してとってきた異民族の同化《どうか》政策、単一民族国家の幻想《げんそう》が問題解決を困難にします。日本が過去にやってきたロシア難民《なんみん》の完全同化、アイヌ民族の差別と圧殺《あっさつ》、この事実のほうが近藤重蔵《こんどうじゅうぞう》が建てた「大日本恵土呂府」の標柱よりもはるかに重いからです。

ちがいを認め合うのが地球市民の共存

民族自決《みんぞくじけつ》によって、血の同一性によって峻別《しゅんべつ》された国民国家が「似た者どうしの寄合い所帯」だとすれば、国民国家の閉鎖性《へいさせい》を食い破る地球市民とは、地球規模で「同じ顔の人間を確認しあった人たち」ではないのです。「ちがいを認めあい、共存《きょうぞん》しあえる人たち」であるはずです。

『アイヌ近現代史読本』、小笠原信之著、緑風出版、二〇〇一年刊

二〇〇八年、日本の先住民族と認められたアイヌはいま、国会・地方議会での民族議席確保、民族教育の保障などを含む政治的経済的自立の権利確立を要求しています。ロシアによって樺太・千島の先住民と認められたロシア・アイヌとの交流も始まり、日ロ間の「領土交渉」への参加要求も現実的な課題になろうとしています。

アイヌ民族の先住地は北海道、樺太、千島だとしていますが、国境をまたいで存在する民族の権利を認めていくことは、国家を相対化し、地球市民を創り出す上で、とても大切です。それは行き詰まった国際社会の扉を開く鍵になるかもしれません。

アイヌ民族の存在は、単一民族国家の神話《しんわ》の中で窒息しつつある日本にとって、大きな光明です。政府は北方領土返還以前に、アイヌの権利を認め、新時代への一歩を踏み出すべきです。

それはまた、在日韓国・朝鮮人を日本に紛れ込んだ異物ととらえるのではなく、日本を韓国や朝鮮に開く窓ととらえ、在日外国人を日本と母国《ぼこく》とをつなぐ架《か》け橋ととらえることにつながります。異民族、異文化との出会いは豊かさと可能性をもたらすもの。ちがいを認め共存する地球市民はそれを知る人たちです。

日本固有の領土の正体

アイヌの地・千島を征服《せいふく》し、南下したロシアのコサック百人隊を択捉で食い止めたのはアイヌ民族自身でした。一七六七年のことです。そのころ日本は、北海道西半分

先住民族宣言を議決

二〇〇七年九月「先住民族の権利に関する国連宣言」が採択され、これによって先住民族個々人、及び集団が国際法上の権利主体と認定されました。これを受け二〇〇八年六月六日、衆参両院の本会議で「アイヌ民族を先住民族とすることを求める国会決議」が採択され、政府も同日「アイヌの人々は『日本列島北部周辺、とりわけ北海道に先住し、独自の言語、宗教や文化の独自性を有する先住民族』である」と認めました。政府部内に「アイヌ政策のあり方に関する有識者懇談会」が設置されたのです。

を征圧。東へ向かって侵略《しんりゃく》を続けていました。一七八九年には国後アイヌと道東アイヌが同盟し、松前藩《まつまえはん》の支配に対抗して「クナシリ・メナシ戦争」が起きています。

つまり、ロシアの南下を阻止したのはアイヌであり、日本ではないのです。日本はアイヌを支援するどころか、北海道側から攻撃してサンドイッチにしていたのです。これが北方領土を「固有の領土だ」とする日本の主張の正体です。

ところで私は、アイヌを北海道・樺太・千島の先住民だとするアイヌ民族の主張には疑問を持ちます。私はアイヌを日本列島すべての先住民だと考えますが、樺太や千島の北方にはアイヌよりも古い先住民がいた、と考えています。ニブヒやウィルタがそれでしょう。しかしこの問題は、アイヌが彼らの権利《けんり》を尊重すれば解決できることだと思っています。

Q32 日系外国人の「定住」化とはどんなことですか？

歌手のマルシアさんもそうですが、今、日系ブラジル人の日本への定住化が進んでいるようです。ほかの外国人と扱いがちがうようですが、どうなのでしょうか。

今、ニューカマーのうち、日系《にっけい》ブラジル人たちの間に、日本への定住化《ていじゅうか》の動きが強まっています。これまでのニューカマーは日本に一時的に滞在《たいざい》し、数年で帰国する出《で》稼《かせ》ぎ労働者だと考えられていたのですが、この考えが崩《くず》れたのです。

現在、日本に暮らしている日系ブラジル人は一八万人を超え、なお増え続ける傾向《けいこう》にあります。中でも、日系ブラジル人を積極的に雇用《こよう》しようとする事業所を持つ町では、彼らの人口が急増しています。

有名なのは群馬県の南東部にある大泉町。ここには三洋電機と富士重工の主力工場があり、両社の下請工場が軒《のき》を連《つら》ねています。こうした事業所が日系ブラジル人を受けいれたため、外国人の登録人口《とうろくじんこう》は町の一割を突破しています。

町にはポルトガル語の看板を掲《かか》げる店が並び、ブラジリアンプラザという一七店舗《てんぽ》が同居するショッピングプラザまであって、そこの店主の多くも日系ブラジル人だといいます。さながら、日本の中のブラジルなのです。

ブラジル・ペルーの日系が多いわけ

日本人の海外移民は明治初年に始まっています。仏領ニューカレドニアをはじめ、ハワイやカナダ、オーストラリアなどが主な入植地です。しかし、その子孫はとっくに三世、四世を越えていますので、そうした国からの「定住者」はほとんどいません。戦後に移民したブラジルやペルーの日系人が多いのは当然のことです。

実際、この辺りの町のことを「リトル・ブラジル」と呼ぶ人もあり、ポルトガル語のパソコン教室や週刊紙、デジタル衛星放送ではブラジル本国のテレビが毎日放送《ほうそう》されています。こうなればもう、日本に定住しても不自由は少ない。定住しようと考えるのは当然のことだと思います。しかし、二〇〇八年のアメリカ発の経済破綻は、日本のブラジル人社会へも多大な影響を及ぼしました。工場の縮小に伴い、彼らの多くは職を失い生活が立ち行かなくなったのです。そのため、子供の就学をあきらめたり、帰国を余儀なくされる人たちが現れました。

こっそり導入された「定住者」資格

ところで日系ブラジル人が増えてきたのには、わけがあります。前述の入国管理法の説明（→Q15）では触れなかったのですが、日本に滞在するための「在留資格《ざいりゅうしかく》」には、別に「定住者《ていじゅうしゃ》」という項目があるのです。

これは一九九〇年の出入国管理《しゅつにゅうこくかんり》及び難民認定法《なんみんにんていほう》改正のときに新設されたもので、法律には「法務大臣が特別な理由を考慮し一定の在留期間《ざいりゅうきかん》を指定して居住を認める者」と書いてあります。

この文面からでは、これがどのような人たちを示しているのか、よくわかりません。国会での政府答弁もあいまいなもので、未《いま》だに灰色部分が残っています。

とにかく当初、私たちは同時に廃止された「特別在留《とくべつざいりゅう》（特在）」という在留資格に

失敗ではすまない日系受け入れ

二〇〇六年五月三〇日、当時法務副大臣だった河野太郎が記者会見で一九九〇年の改正入管法による日系人受け入れを「失敗だった」と認め、謝罪しました。日本としては「日系人を受け入れる意思も態勢も欠けており、労働力としか見ていなかった」として、「やり直す必要がある」と語ったのです。しかし、来日した日系人の人生はやり直せない。その後の定住化を失敗とするのではなく、定住化に対応した政策を示すべきでしょう。

代わるものだと考えていました。この「特在」も法務大臣の裁量権《さいりょうけん》に属するもので、大臣の胸ひとつ、極めてあいまいな形で運用されてきたのです。

実際、「特在」は新設された「定住者」に吸収され、消滅しました。しかし「定住者」資格は個々の事情に対して大臣が裁量する資格から大きく踏み出し、一群の人たちに在留を認めるまったく新しい在留資格となっていたのです。

そして、この「法務大臣が特別な理由を考慮」した結果「日本人として出生した者の実子《じっし》」に対して一律に定住者資格が与えられることになった（法務大臣告示）のです。

一世は日本人なので帰国に問題はありません。また「日本人の子として出生した者」、つまり、二世は「日本人の配偶者等《はいぐうしゃとう》」の在留資格を当てはめて滞在できます。したがって、この告示は日系三世向けの在留資格だということができます。またこの告示によれば「定住者の実子」も「定住者」なので、日本で生まれた四世も五世も、日本に滞在することができるようになっています。

この資格が何のために設けられたかは明白です。日本の企業の要望に答えて、働《はたら》き盛《ざか》りの日系三世を安い賃金で働かせよう、としたものです。

私は日系三世が日本で働くことに反対ではありません。しかし、このような決定は国会の論議を踏まえ、法律に基づいて行なうのが筋でしょう。人の権利の基本的なものが法務大臣告示という、一方的な裁量権にゆだねられている。これはどう考えてもおかしなことです。

日系ビレッジ・大泉の現状

バブルがはじけると企業は、３Ｋ労働力として日系人から、賃金の安い中国人研修生へとシフトしました。大泉にも中国人が増え、祖国に帰れない日系人は家族を置いて東海地方へと流れていきました。デカセーギの出稼ぎです。が、それも〇八年の世界不況下、職を失って家族の下に戻っています。大泉の日本語学校は様変わり。貧しくて学校に行けない子どもたちに代り、職探しに有利だと信じる大人たちで盛況です。「どれほど有利なのか」と先生たちは疑いますが、ともかく帰国するすべもなく、藁にもすがるしかない現実が吹き荒れているのです。

いずれにせよ、この「定住者」資格には「日本人の配偶者資格等」と同様、在留中の活動に制限はありません。いわゆる「単純労働」でアルバイトすることも、生業《せいぎょう》に就《つ》くこともできるのです。その結果、日系三世のブラジル人やペルー人が大勢やってくることになったのです。

血縁で人を区別してはならない

法務大臣が日系三世を、国会審議を経ることなく優遇《ゆうぐう》しようとしたのは問題です。この国はどうして、安易《あんい》に人々を血縁で区別し、優遇しようとするのか。日本によるこうした特別扱いは、血縁によって人を区別する習慣のない（または、なくそうと努めている）ブラジルやペルーなどの移民国家《いみんこっか》に混乱を持ち込んでしまいます。

事実、これらの移民国家には日本の戸籍制度《こせきせいど》に当たる血縁の証明制度がありません。「日本人の子として出生した者の実子」といっても、その証明は困難なのです。

そこで、「定住者」としての優遇を受けたいと考え、日系三世になりすます外国人が後を断ちません。ブラジル人やペルー人ばかりでなく、ベトナムの人たちまでが、これらの国に移住して、日系三世になりすます事件も起きています。

とりわけ査証《さしょう》（ビザ）の相互免除取決め《そうごめんじょとりき》のあるペルーからの「なりすまし日系人」が多く、本当の日系人までが疑われ、入国管理官の厳しい取調べ《とりしら》を受けているようです。また、日本政府が一方的に査証の免除《めんじょ》を取り消し、ペルー政府から激しく抗議されることもありました。

日本はこれらの国に対し、血縁の証明を迫るべきではありません。安易な労働政策に乗った法務大臣の判断ミス、そのツケは自らが背負わなくてはなりません。この優遇を四世、五世……と拡大するのには反対です。と同時に、日本で生まれた四世、五世……の教育権を含む、あらゆる人権を保証していかなくてはなりません。

人権は法で保障すべき

一九九六年七月三十日、法務省入管局から「日本人の子の実子を扶養《ふよう》する外国人親の取り扱いについて」という通達が出ました。結論からいえば、日本人の子の親権者《しんけんしゃ》として現実に養育している外国人の親にも「定住者資格」（一年）を与える、というものです。

これまで、父が認知（胎児認知《たいじにんち》）した日本人の子の母が、外国人であるために在留が困難になり、親子泣き別れになるようなケースがしばしばあったのです。これが、「親と暮らす権利」の侵害であることは、だれの目にも明らかでした。

法務省は人の心を持たない「オニ」だったのです。しかし、子どもの権利条約を批准《ひじゅん》した日本が、いつまでも「オニ」であり続けることはできません。そこで、この「定住者資格」を利用したのです。

しかし、これまた大臣の胸ひとつの運用に過ぎません。こうした大切な人権は本

多文化共生社会人に学ぶ

日系人が多いブラジルにしてもペルーにしても、移民国家で「イベリア・アメリカ共同体」（二七頁注参照）の一員です。ニューカマーとして増えているフィリピンも、旧スペインの植民地であった縁で、共同体のメンバーです。これらの国の文化は日系であれ、なんであれ、多文化共生の大先輩なのです。なりすましに目くじらを立て、送り出し国に厳格な管理を要求してはなりません。それよりも根っからの多文化共生社会人に学ぶ姿勢こそ、これからの日本に必要なことだと思います。

来、本法によって保護されていなければならないのです。運用の改善は歓迎《かんげい》ですが、入管法本法が「オニ」であることに変わりはありません。

大臣の裁量である以上、状況が変化すれば判断も変わり得るわけです。「定住者」の資格はそれだけ不安定なものだといえるでしょう。

しかし、いちど受け入れた以上は、受け入れを前提とした政策がとられなければなりません。「定住者」の完全な「定住」が今後も保証され続ける必要があるのです。裁量権の乱用を許さず、安易な運用の変更をさせないために、わたしたちの監視が必要です。

永住者数の国籍（出身地）別の推移

（各年末現在）

国籍（出身地）	平成15年（2003）	平成16年（2004）	平成17年（2005）	平成18年（2006）	平成19年（2007）	構成比（%）	対前年末増減率(%)
永住者	**742,963**	**778,583**	**801,713**	**837,521**	**869,986**	**100.0**	**3.9**
一般永住者	**267,011**	**312,964**	**349,804**	**394,477**	**439,757**	**50.5**	**11.5**
中国	83,321	96,647	106,269	117,329	**128,501**	14.8	9.5
ブラジル	41,771	52,581	63,643	78,523	**94,358**	10.8	20.2
フィリピン	39,733	47,407	53,430	60,225	**67,131**	7.7	11.5
韓国・朝鮮	39,807	42,960	45,184	47,679	**49,914**	5.7	4.7
ペルー	17,213	20,401	22,625	25,132	**27,570**	3.2	9.7
その他	45,166	52,968	58,653	65,589	**72,283**	8.3	10.2
特別永住者	**475,952**	**465,619**	**451,909**	**443,044**	**430,229**	**49.5**	**-2.9**
韓国・朝鮮	471,756	461,460	447,805	438,974	**426,207**	49.0	-2.9
中国	3,406	3,306	3,170	3,086	**2,986**	0.3	-3.2
その他	790	853	934	984	**1,036**	0.1	5.3

「一般永住者」の国籍（出身地）別の推移

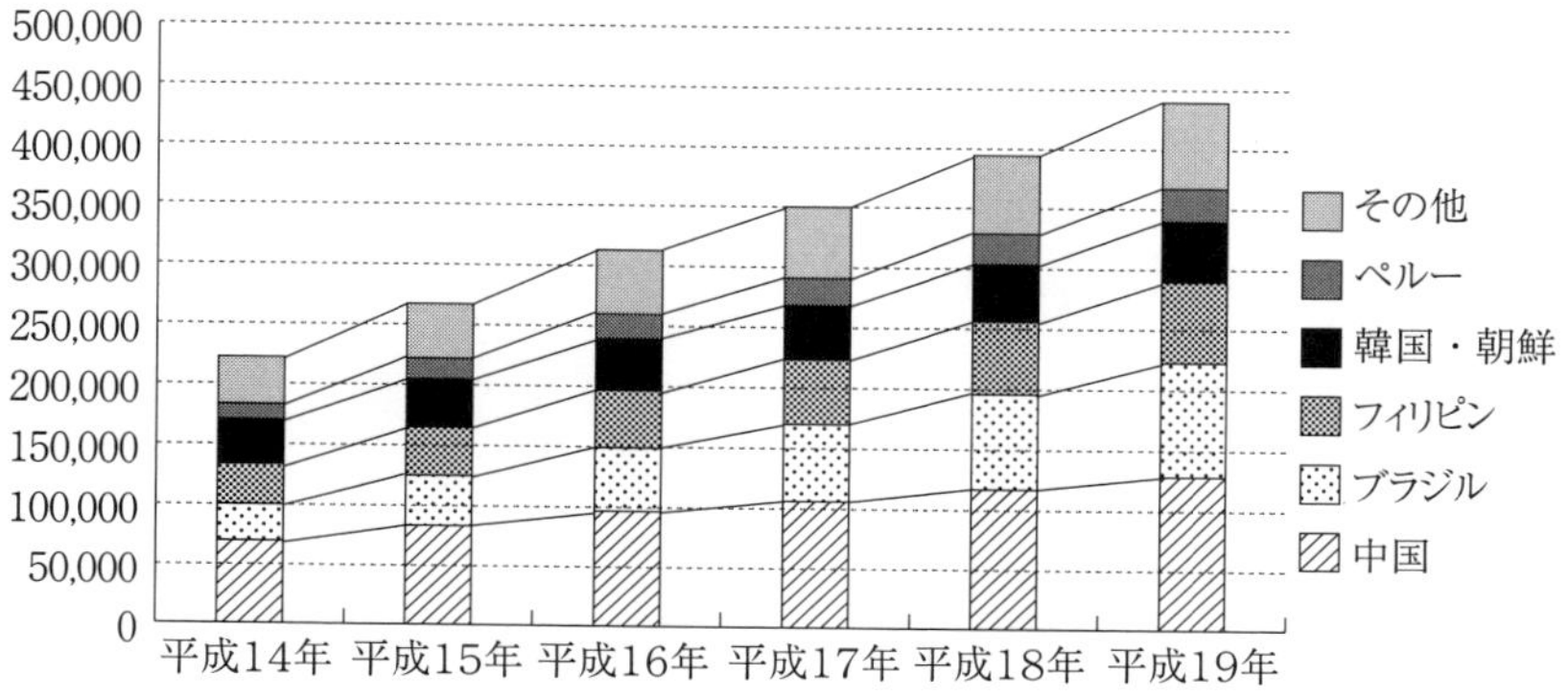

Q33 阪神淡路大震災で、在日外国人はどうなったのでしょうか？

震災でいちばん苦しんでいるのは弱者だと聞きます。在日外国人も社会的弱者なので、さぞ大変だったろうと思います。何かできることはあるのでしょうか。

一九九五年一月十七日といえば阪神淡路《はんしんあわじ》大震災が起こった日。多くの人たちにとって、決して忘れられない一日になりました。中階が完全に潰れてしまった神戸市役所旧館ビルでは、外壁《がいへき》の大時計が震災の時刻（午前五時四十六分）を刻んだまま、止まっていました。隣りのピカピカの新館ビルは被災者《ひさいしゃ》の避難所《ひなんじょ》と化し（ただし三階以上は締め出し）、貴重なトイレには行列ができていました。

震災のニュースに触れた直後、私の脳裏をかすめたのは関東大震災の際の朝鮮人《ちょうせんじん》虐殺《ぎゃくさつ》のことでした。これは私ばかりでなく、多くの在日韓国・朝鮮人に共通した思いだったようです。

しかし実際には、このようなことが繰り返されずにすみました。ひと安心です。

港・神戸には昔から多くの在日韓国・朝鮮人が暮らしています。なかでも今回いちばんの被災地となった神戸市長田《ながた》区、阪急神戸線長田駅前一帯は彼らの集住地帯で有名でした。

また出た流言蜚語

確たる証拠がないので誌名を特定するのは避けますが、大地震の後、木造家屋の密集地帯《みっしゅうちたい》だったので、地震の被害に火災が追いうちをかけました。これが被害を大きくしたのです。

当初、だれか（日本人）が火をかけたのではないか、と噂が流れました。駅前の高度利用を望む人は多く、行政も再開発を願っていたからです。

こうした火種《ひだね》があると流言蜚語《りゅうげんひご》は危険です。どんどん空想がふくらんで、無用な対立が深まるからです。しかし、長田の人たちは冷静に振る舞いました。この噂もやがては消えていったのです。

これとは正反対の噂もありました。「あそこの朝鮮の事務所から火が出た」というもので、長田区に住む在日朝鮮人がＴＢＳのテレビニュースの中で紹介したもの。彼も「本当に今協力して、日本人も朝鮮人も関係なくやっているのに、やはり一部の差別の流言が一番恐ろしい」と発言していました。

ところが、これを聞きかじった新進党の中村鋭一参議院議員が、こともあろうにＮＨＫが生中継している予算委員会の席上で彼の言葉を引用。「長田区から火が出たのは在日韓国人が火をつけたのではないかというようなことを、噂として聞いた。そんなことがあっては大変だ、と心配していた」と発言しました。

これでは「長田区から出た火は韓国人がつけたもの、との噂がある。そんなことがあっては大変だ」と聞きちがえかねません。この中村議員の不用意な発言に対して、朝鮮総連は取消しと謝罪を要求しました。

「中国のボートピープルが大量に神戸潜入か」という電車の吊り広告が出されました。デマ報道だと直感した筆者はすぐにこの雑誌を購入しましたが、該当記事は影も形もありませんでした。でも、誰かがこのような記事を流そうとしたことは間違いなく、危険な臭いを感じました。

ＦＭサランの活躍

日本最大の韓国・朝鮮人多住地域、大阪の生野区で開局している同胞向けミニＦＭ局「ＦＭサラン」は、震災後しばらく、機材一式を神戸に移し、救援のための臨時ＦＭ局になりました。こうした発想の豊かさ、機動力が人を救うのです。役所の規制が、こうした活動を妨げぬよう、市民の監視が必要です。

まるで伝言ゲームのようにして、新しい流言蜚語が生まれてしまう。そのプロセスの一端を見せつけられたような出来事でした。この種の発言は厳に慎重でなければなりません。

在日朝鮮人・韓国人の隣人愛

震災直後の救援活動では在日の後回しがあったようです。手不足だから、まず日本人を助けるという発想です。

現場の警察官、消防士の判断にもよりますが「住民票がないので居住を確認できない」という理由で、救出が後まわしになったケースがかなりあるようです。

しかし、その後、ボランティアが動き出してからの在日韓国・朝鮮人救援では、地域を越えた民族性や思想性のネットワークが効果を発揮し、一般の日本人以上の援助に支えられています。これには日本人も学ぶべきものが多いようです。

民団《みんだん》や総連《そうれん》、その他の民族団体は素早《すばや》い支援体制を組みました。地域と親族のネットワークだけで暮らす多くの日本人よりも、豊かな情報と物資が集まったのです。もちろん若い人たちの労働力も集まりました。

こうした力は日本人にも分け与えたのですが、当初はどこでも、同胞《どうほう》の支援を日本人に分け与えることを巡って議論があったようです。日本の政府や自治体が、在日に対しても平等の援助を与えてくれるのかどうか、この時点では判断がつかなかったこ

社会に頼らぬ地域防災を

地震の教訓から、外国語による防災マニュアルなどをつくる自治体が増えてきました。歓迎すべきことです。その一方で、地域防災を町内会や自治会に頼り、その結成を推し進める自治体も増えています。しかし、町内会・自治会は短期滞在者を組織できず、逆に排除する傾向があります。町内会・自治会を足場に防災体制を築くのは危険だと思います。

ともその一因です。

結果的に在日韓国・朝鮮人はすばらしい隣人愛《りんじんあい》を見せました。多くの日本人も同様です。そのため、政府も自治体も、在日韓国・朝鮮人のような「永住外国人《えいじゆうがいこくじん》」を差別扱いすることができなくなりました。それは評価してもいいでしょう。

超過在留者への救援

問題はやはり、最も弱い人の上に振りかかりました。しっかりした民族意識《みんぞくいしき》を持たない中国人、フィリピン人、ベトナム人……。在留資格の弱い留学生や、在留資格を失った超過滞在者《ちようかたいざいしや》たちのことです。

彼らに対する救援の手はキリスト教関係者を中心に、地震から二十日後には始まっています。「阪神大震災ＮＧＯ救援連絡会議・外国人救援ネット」というのがそれです。このグループが取り組んだテーマは数多くありますが、主要なものは超過在留者の入院に対する医療補助です。

超過滞在者は外国人登録を持てないため、国民健康保険に加入することができない、というのがこの国の厚生労働省の「見解」です。

しかし災害は「住民」を平等に襲いました。日本人と「共生」していた人が「共死」を体験し、また「共存」のための助けあいをしてきました。これがあの震災体験なのです。超過在留といえども、このことはおなじ。隣人救援のために傷ついた人だっているのです。

　神戸市はこの人たちを「災害救助法」の拡大解釈で救おうとしましたが、厚生省（当時）がこれを拒否。ＮＧＯの「外国人救援ネット」は救済のための「（医療費）肩代わり基金」を集めて、傷ついた人の医療費補助と亡くなった人への弔慰金《ちょういきん》の支払いを開始しました。政府の貧しさをボランティアが埋めたのです。

　行き届かぬことがあるにしても、この活動は貴重なものです。行政の怠慢《たいまん》を確認するためにも、記録しておく必要のある出来事です。

　九五年十月二日、兵庫県は復興基金の運用益の一部を「外国人県民緊急医療費損失特別補助事業」に充当しました。「災害救助法」の適用ではないけれど、実質的な救済制度が発動されたのです。

　行政の差別は数多くあります。しかしＮＧＯはこれを超えました。神戸市民は「共生」「共死」を体験した、弱い立場の外国人をおなじ住民として受け入れようとしています。これに比べて、日本政府やその関係機関のやり口は、あまりにもおそまつだった、といえるでしょう。

救援募金はＮＧＯへ

　「肩代わり募金」を集めた「外国人救援ネット」は中山手カトリック教会に設置されました。救援募金はこうした目的と行動力のあるＮＧＯに託したほうが賢明です。マスコミや金融機関、自治体で集めた募金はみんな日本赤十字社に行ってしまいますが、ここは動きのとれないお役所とおなじ。使途や配分でも発想がおなじなので、登録のない外国人や超過滞在者などが排除される恐れがあります。これを今後の教訓にしてください。

Q34 定住化に伴って、子どもたちの教育はどうなるのでしょうか？

ニューカマーの定住化が進んで、子どもたちの教育が重要になっていると聞きます。多文化共生とはどんなもので、どうしていったらいいのでしょうか。

ニューカマーを短期滞在者と捉《とら》え、無用になったら「お帰りいただく」という日本の身勝手《みがって》な政策は、日本の景気後退期（一九九〇年代）にうまく機能しました。３Kの労働力を低賃金で確保しながら、仕事が減ると切り捨てることができたからです。景気の調節弁として、外国人労働者が利用されたのです。が、その裏で日本のどや街（山谷など）が恒常的な３K労務を失うことになります。山谷は秋葉（秋葉原）のコスプレ・アニメのオタクを受け入れる国際的な拠点に変貌《へんぼう》します。

では、ニューカマー達は素直にお帰りいただけたのか、そんなことはありえません。ひとは誰でも、土地と結び、人と結ばれ、人生を織りなしていくのです。そのあたりまえの人権を認めることができないのであれば、日本は外国人労働者をひとりたりとも受け入れてはなりません。ひとは政府の思惑とは無関係に人生を生きるのです。彼らの権利を守るために国連は移住労働者権利条約を制定し（日本は批准していません）、国連人権規約（自由権規約）や、子どもの権利条約などを制定してきたのです。

子どもの権利条約

別名「児童の権利に関する条約」は一九八九年、国連で採択され、九四年に日本も批准したもの。その三〇条は外国人や民族的マイノリティーの教育にあたり「自己の文化を共有し自己の言語を使用する権利」を保障しています（国際自由権規約二七条もほぼ同様）。

ニューカマーの定住化傾向は、九〇年代に促進されました。二一世紀に入っても、この流れは拡大を続け、少子化で人材が払底《ふってい》する日本を支える新たな人脈を形成しているのです。大切な人たちが日本に定住することを望んでいる。これを無視、切り捨ててはならないのです。この激変に対して、日本の各省庁も「多文化共生」を掲げるようになっています。でも、そのための具体的な措置がとられていないのです。

言葉の習得は人間の原点

ニューカマーはこの国に生活拠点を置いた生活者です。グローバル化した世界の中で定住化は必然的なこと。避けることのできない、避けてはいけない出来事なのです。世界はこの難問に古くから向き合っています。「お帰りいただく」などという政策は選択肢としてありえない。どう受け入れるかの問題なのです。その最大の問題が生まれてくる新しい命をどうするかです。出産支援、養育支援に公共機関や社会福祉が無

教育現場の問題点

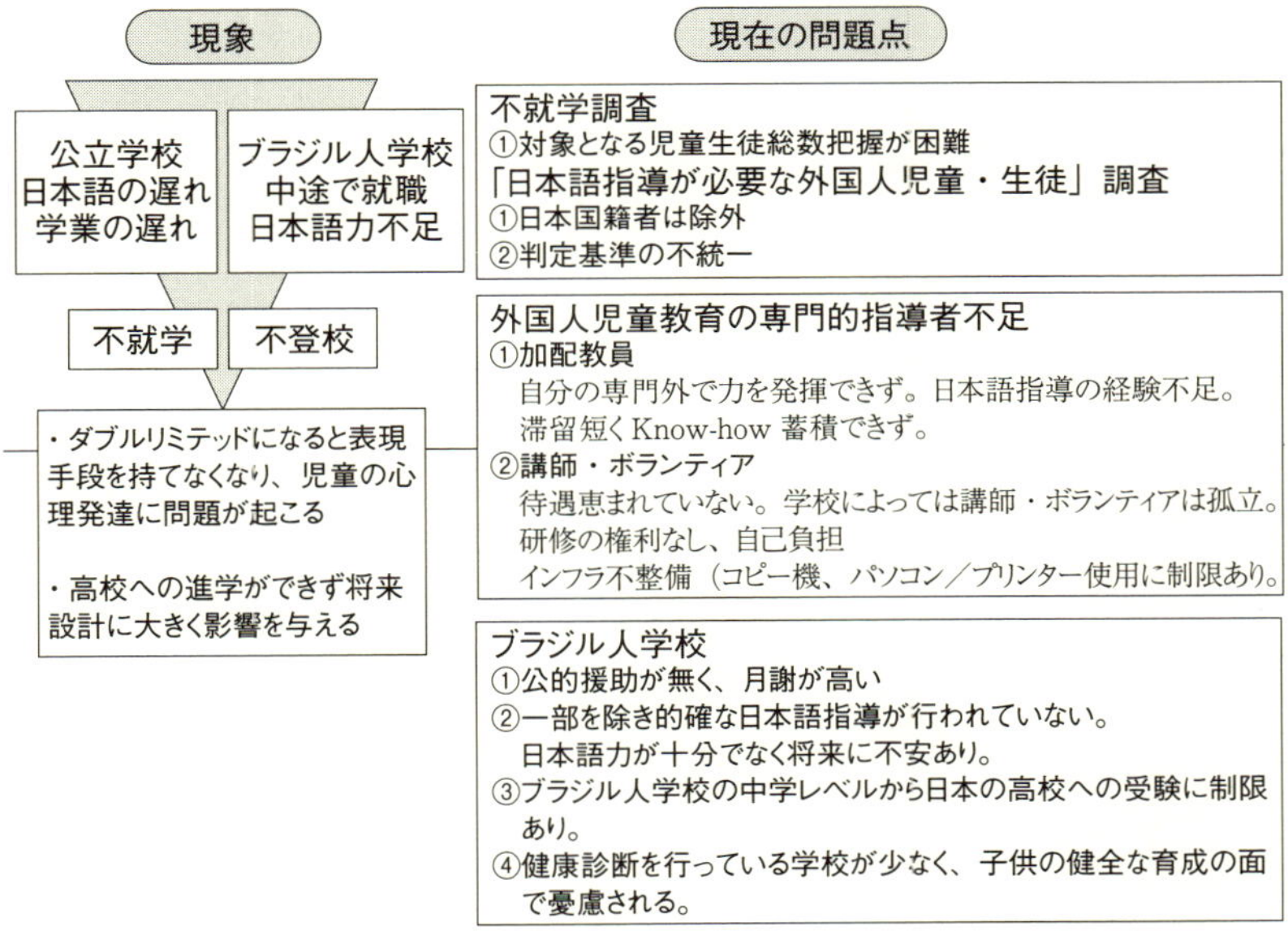

現象
公立学校
日本語の遅れ
学業の遅れ
ブラジル人学校
中途で就職
日本語力不足
不就学
不登校
・ダブルリミテッドになると表現手段を持てなくなり、児童の心理発達に問題が起こる
・高校への進学ができず将来設計に大きく影響を与える
現在の問題点
不就学調査
①対象となる児童生徒総数把握が困難
「日本語指導が必要な外国人児童・生徒」調査
①日本国籍者は除外
②判定基準の不統一
外国人児童教育の専門的指導者不足
①加配教員
自分の専門外で力を発揮できず。日本語指導の経験不足。
滞留短くKnow-how 蓄積できず。
②講師・ボランティア
待遇恵まれていない。学校によっては講師・ボランティアは孤立。
研修の権利なし、自己負担
インフラ不整備（コピー機、パソコン／プリンター使用に制限あり。
ブラジル人学校
①公的援助が無く、月謝が高い
②一部を除き的確な日本語指導が行われていない。
日本語力が十分でなく将来に不安あり。
③ブラジル人学校の中学レベルから日本の高校への受験に制限あり。
④健康診断を行っている学校が少なく、子供の健全な育成の面で憂慮される。

ブラジル学校関連の教育現場で起きている現象
（三井物産ＣＳＲ推進部作成の二〇〇八年フォーラム提出資料より）

縁でいるわけにはいきません。国連の国際条約が、こうした子どもの平等な扱いを求めているのは当然のことです。

同様のことが教育にもいえます。教育を受ける権利、授ける義務は「子どもの権利条約」を引用するまでもなくニューカマーの子どもたちにもあるのです。教育は、子どもにとっての権利義務の問題を越えています。地域社会の円滑《えんかつ》な運営、価値観の共有（国の価値観の刷り込みは許しがたいものですが）という意味でも、必要なこと。これを怠れば地域全体の教育力、モラル（公共性）の低下をきたしてしまうのです。教育の問題を地域社会や国家の将来性から見るのは正しくありません。教育を受けたいと考える子どもや親の視点から見るべきです。

筆者がここで言いたいのは、その視点に立てない地域や自治体、政府はとてつもない過ちを犯そうとしている、ということです。教育大国を自任してきた日本、筆者はそのことを否定はしません。識字率世界一は誇るべきことといってもいいでしょう。でも、いま、この教育力が急速に失われているのです。教育を受けられない、受けなかった子どもたちが親になろうとしています。子どもたちのアイデンティティー喪失、そこをなんとかしたい。ニューカマーの教育問題の焦点はそこにあります。

教育権をねじ曲げた日本

日本は国民教育には熱心ですが、在日の民族教育には敵対してきました。在日韓

在日ブラジル人児童向け補助教材

公立学校に通う在日ブラジル人を支援するため、三井物産が東京外語大学に委託して製作した「漢字」と「算数」の補助教材があります。この教材は二〇〇六年より、下記アドレスから、インターネットでダウンロードすることができます。

http://www.tufs.ac.jp/common/mlmc/kyouzai/brazil/

阪神教育事件（阪神教育闘争）

戦後、奪われた母国語を回復するため、各地で朝鮮語講習会が開かれ、

国・朝鮮人の民族教育を警察権力によって圧殺したのが「阪神教育事件」です。それでも学校は無認可のまま各地で営まれ、成果を挙げてきました。でも、日本政府は民族教育を受け入れず、卒業資格を認めないため、公立の高校・大学の受験機会を奪ってきました。日本政府には、日本人をつくるための教育しか念頭にないのです。そのための教育制度をひたすら固めてきたのです。

でも、現実の世界はまったく様変わりしています。通勤電車に乗れば、英語、中国語、韓国語、スペイン語、ポルトガル語が飛び交っています。少子高齢化を名目に、安い労働力を海外に求めた日本は、もう戻れないところにきているのです。「多文化共生社会」を実現するためには、異文化、異言語、異習慣を受け入れ、学ぶべき時代に突入したのです。したがって教育も、ニューカマーの子弟たちに日本の公教育を開放する、というだけでは済みません（これでは外国人を日本の教育体系に押し込む、阪神教育事件と同根です）。

「お帰りいただく」政策を持つ政府は、母国に帰ったときのアイデンティティーを保障する民族教育、母国語教育を提供しなければならないのです。識字率とは、日本語能力のことではありません。自分のアイデンティティーを頭でめぐらす能力、文章で探る能力、母国語の理解力でもあるのです。これが育つ機会をどう創っていけるのか、ニューカマーの視点から見た教育問題がこれです。

民族学校に発展します（五〇〇校、生徒数六万人）。一九四八年、文部省はこの学校を解体し、生徒を日本の学校に転入させるよう命令。これに反対する大阪・兵庫の運動に非常事態宣言が出され、武装警察やアメリカ軍が出動、鎮圧した事件。民族教育の権利を破壊した、世界でもまれな事件として記憶されます。

不就学の原因にいじめ

不就学の背景には、日本語の遅れや民族的違いを背景とするいじめや差別があることは否めません。いじめで悩む外国人に、母語で相談を受けつけてくれる窓口ができています。NPO法人・多言語教育研究所です。

研究所の活動内容を知るには

http://www.ijimezero.org/

研究所へのお問い合わせは〇二七〇―六五―八七九五

多民族共生フォーラム

阪神大震災における在日の健闘《けんとう》は前述のとおりです。これがなにを生むのか、筆者も注目してきたところです。一九九五年七月二十六日、震災から半年後のことでした。震災復興の真っ只中です。この日、兵庫県外国人学校協議会が発足しました。在日コリアンを超えて民族学校が結集する初めての出来事です。設立の目的は「兵庫県外国人学校の地位向上を図り、学校間の交流を通じて児童生徒の教育に資すること」でした。

センターを担ったのは中国人学校。これに朝鮮人学校、インターナショナル・スクール、ブラジリアン学校などが結集したネットワークです。こうしたネットワークは大阪、神奈川でも結成され、東京や埼玉でも準備会が持たれています。そして二〇〇五年、神戸で第一回「多民族共生教育フォーラム」が開催されました。第二回は名古屋、第三回が東京で、〇八年は大阪で開催されました。

大阪が持つ在日コリアンの民族教育の経験の蓄積は非常に大きなもので、他県を圧倒する足場を持っています。それでもなお、実現できずにきたさまざまな宿題があります。認可は「各種学校」で、教育機関（教育基本法一条で定める公・私立学校で、これを「一条校」と呼んでいる）に与えられるさまざまな補助が受けられない、とか、教員の身分が不安定である、とかです。その解決に道をつけることと同時に、コリアンよりもはるかに厳しいニューカマーの教育事情に支援の手を差し延べたい。大阪フォーラムにはそんな意気込みが感じられました。

民族学級

阪神教育事件で民族学校が解体されますが、その際、文部省と民族団体の間で「覚書」が交わされます。日本の義務教育の中でも一定の民族教育を確保する、というもので、これによって設けられたのが民族学級（大阪府内一一校）。その後も各学校で取り入れられ、現在では小・中学校あわせて一八〇校に広がっています。

大阪市民族講師会

大阪には民族学級で教える講師たちが結成している大阪市民族講師会があります。民族教育を守り、子どもたちはもちろん、保護者の権利や自分たちの身分保障などを求めるグループです。

このグループが二〇〇七年に発行した在日コリアンのための教材

厳しい現実を変える

文科省の調査によれば日本の公立学校に在学している外国人児童生徒は七万二五〇〇人（平成一九年）。特別な日本語教育を必要とする児童生徒は二万一二〇〇人に達しています。でも問題なのは民族教育を受けられる環境がどれだけ整っているか、です。日本語のほか母国語を教える民族学校の数も急速に増えていて、ブラジル学校が韓国・朝鮮学校を数の上では圧倒しています。言語で言えば、ポルトガル語を学ぶ児童生徒が一万人、中国語が五〇〇〇人、スペイン語が三五〇〇人、フィリピン（タガログ）語が三〇〇〇人、以下、ハングル、ベトナム語、英語と続きます。

これを支える民族学校の多くは、各種学校としての認可も受けられず、公的支援がないために、高額の月謝に苦しんでいます。そのため日本語教育のほうがおろそかになりがちで、将来の日本永住に不安を抱えています。充分な運動スペースもなく、健康診断も受けられない。児童生徒の健全育成に不安が残るのです。また、卒業資格がないため、日本の高校への進学が認められないという問題をも抱えています。そうしたことから中途退学が絶えないのです。

でも、民族学校で学べる子はまだましなのです。通える距離に民族学校がない（通学定期も認められていないので、経費面からも大変です）。さまざまな問題で脱落する不登校や不就学児童生徒が少なくないのです。先の文科省調査によれば、不就学児は一パ

集『あんにょん　楽しく出逢える韓国・朝鮮』は非常にわかりやすく、よく整理された（CD－R付）ものです。

ーセント台。なんとか学校に行かせたい、という親の思いが伝わってきます。でも、在学実態が把握できないという児童が一八パーセント。これは重大です。

約二割の子ども達を不就学に追い込んでいる。これは日本政府の責任というほかにはないでしょう。これを解決できるかどうか。日本の多文化共生はそれに懸かっているといっても過言ではないように思います。

Q35 日本に駐留するアメリカ兵も在日外国人と呼べるのでしょうか？

私たちの町で外国人といえば、アメリカ軍の兵士ばかり。広い家に住み、とても差別を受けているとは思えません。彼らをどう考えればいいのでしょうか。

東京西部の立川基地や横田基地に近い町で育ったため、外国人といえばアメリカ兵だったことを覚えています。まだサンフランシスコ講和条約発効《こうわじょうやくはっこう》以前のことですから、アメリカ軍は占領軍《せんりょうぐん》そのもの。わがもの顔で町を歩いていました。

敗戦によって占領されていることを直視したくない人はみんな、彼らを「終戦」による「進駐軍《しんちゅうぐん》（または駐留軍《ちゅうりゅうぐん》）」と呼んでいたものです。

講和条約発効（一九五二年四月）によって日本は形式上、独立しましたが、占領軍はそのまま残され、駐留軍となりました。アメリカ軍を残すために結ばれたのが日米安《にちべいあん》全保障条約《ぜんほしょうじょうやく》（日本国とアメリカ合衆国の間の相互協力《そうごきょうりょく》及び安全保障条約＝日米安保条約）です。

当時沖縄はまだアメリカの占領下にあり、アジア支配のキーストーンとして軍事基地が溢《あふ》れるようになります。このアメリカ軍も沖縄の返還後は、そのまま日米安保条約に基づいて駐留軍に統合されます。

この経緯から考えても、在日アメリカ軍が日本を守るための軍隊でないのは明らかです。

外国人登録されない外国人

さて、この在日アメリカ兵は在日外国人といえるのでしょうか。在日していること、外国人であることを考えれば、まちがいなく在日外国人です。しかし、「占領」という軍事行動は「在日」とはちがいます。日本を圧倒《あっとう》して外国人が侵入しているわけです。

つまり、講和条約以前の占領軍は在日アメリカ軍ではなく、その兵員も在日外国人ではない、ということになります。問題は講和条約以降の駐留軍はどうか、ということです。

アメリカ兵とその軍属《ぐんぞく》、および家族の日本における在留資格を定めているのは出入国管理法ではありません。

日米安保条約によって結ばれた日米地位協定《にちべいちいきょうてい》（日本国とアメリカ合衆国との間の相互協力及び安全保障条約第六条に基づく施設及び区域並びに日本国における合衆国軍隊の地位に関する協定）によっているのです。ここには基地の提供・利用のほか、アメリカ兵の軍属・家族の旅行や輸入、免許や訴訟など、生活上の地位がこと細かに定められています。これを一言でいうなら「日常生活上の特権リスト」ということでしょう。

日米地位協定における軍属の定義

「軍属」とは合衆国の国籍を有する文民で日本国にある合衆国軍隊に雇用され、これに勤務し、又はこれに随伴する者（通常日本国に居住する者……を除く）をいう。この協定その第九条二項にはこうあります。

「合衆国軍隊の構成員は、旅券及び査証に関する日本国の法令の適用から除外される。合衆国軍隊の構成員及び軍属並びにそれらの家族は、外国人の登録及び管理に関する日本国の法令の適用から除外される」

つまりアメリカ兵と軍属、家族は在日外国人に義務づけられている外国人登録の適用を受けない、ということです。このことに着目《ちゃくもく》すれば、彼等は外国人ではない、ということができるでしょう。発表される在日外国人人口にも、彼等は含まれていないのです。

このように在日アメリカ軍の軍人・軍属および家族には、治外法権が賦与《ふよ》されているのです。これでは独立国とはいえません。

日米地位協定の見直し

この間、日米地位協定の問題点が大きくクローズアップされました。一九九五年八月、沖縄に駐留するアメリカ兵三人が、しめしあわせて少女に暴行を働く、という傷ましい事件が起きたことがきっかけになりました。

「基地のなかに沖縄がある」といわれるほど基地で溢れかえっている沖縄では、これまでも多くの苦悩を抱えていました。それが、この事件で怒りに変わったのです。沖縄の人々の声はアメリカ軍基地の見直しから、日米安保体制の問い直しへと広がっ

のみの適用上、合衆国及び日本国の二重国籍者で合衆国が日本国に入れたものは、合衆国国民とみなす。

もっと問題、CIA

地位協定には諜報員（CIAなど）の保護を定めた規定があります。彼らの所有物は、それが機密情報であろうがなかろうが、日本の官憲も開くことができません。また、諜報員は身分証を必要とせず、軍人や軍属に化けることも許されます。すなわち、軍関係者すべてが諜報員である可能性を持っており、日本の警察は所有物を取り調べることができないのです。

沖縄・少女強姦事件

二〇〇八年二月、沖縄で米兵による一四歳の少女強姦事件が起こりました。この種の事件ではふつう、被

ていきました。そのひとつに日米地位協定の問い直しがありました。

　これまで日米地位協定第一七条五項（C）はアメリカ軍関係者が事件を起こした場合、身柄をアメリカ側が拘束《こうそく》したまま、取調べを進めなければならなかったのです。容疑《ようぎ》が固まり、起訴してはじめて、身柄が日本側に渡るのです。

　これは日本の警察官による不当な取調べから、アメリカ兵の人権を守る、という名《めい》目《もく》で設けられていたものですが、取り調べ中に本国へ逃亡してしまう容疑者がいたりして、以前から問題にされていた条項です。

　沖縄の人たちの激しい抗議の中、日米両政府の合同委員会は、協定の運用見直しに着手。婦女暴行や殺人などの凶悪犯罪《きょうあくはんざい》に限っては、起訴前の身柄引渡しが可能になりました。翌九六年七月に佐世保で起きた、アメリカ兵による強盗未遂事件に際しては、この運用見直しが初適用されて身柄引き渡しが実行され、男は長崎県警に逮捕されています。しかし、運用の見直しでお茶をにごすのでは本当の解決にはなりません。

　占領者の都合で作られた地位協定なので、内容は問題だらけ。米軍機の低空飛行を許す第五条に対しては、高知県議会から「見直しを求める意見書」が出されています。

駐留は精神的文化的な犯罪

　今、在日アメリカ兵は約四万七〇〇〇人（うち三万五〇〇〇人が沖縄）います。その家族や軍属家族を含めれば、これは大変な数字になります。その人たちが日本のあら

害者の心情を汲み「暴行」と報じられることが多いのです。ところが、日本の警察が米兵を逮捕・捜査できるのは殺人・強姦など重大な犯罪に限るとされているため、事件は「強姦」であることが隠せなかったのです。その結果、心無い非難が少女に向けられました。耐えられなくなった少女は米兵の告訴を取り下げ。強姦は親告罪なので、告訴がなければ起訴できず、釈放されました（ただしアメリカの軍法会議で懲役三年）。暴行で捜査していれば事件は違った展開になった可能性もあるので、これも地位協定がもたらした二重犯罪ということができます。

ベトナム反戦兵士のこと

　ベトナム戦争が激しかったころ、日本のアメリカ軍基地は前線となり、騒然としていました。大義のない戦

ゆる統計から漏れてしまっている。大きな基地を抱える町にとってはたまりません。

かりに基地内を外国の占領地と考え、無視したとしても、上下水道、ガス、電気を消費し、道路などの社会基盤（インフラ）を共用します。将来予測など、手探りですすめるほかはありません。

軍関係者の基地外への「外出は許可されるべきではない」、少女暴行事件の後、アメリカでもこんな意見が九パーセントに達しました。日本でも「事件は軍隊の本質」という声が挙がり、兵士への風当たりが強まっています。

地位協定に見るような、アメリカ軍の特権は一掃《いっそう》されるべきです。占領者意識丸出しの地位があれば、人はつい、その上にあぐらをかく。しかし兵士一人一人の人権は大切にしたい。「軍隊の本質」に反発、抵抗して脱走したベトナム反戦兵士もいたことです。

私は軍はもちろんのことですが、単一の性が異文化社会に政策的に長期間大量に投入されるべきではない、と考えます。駐留は送り出す社会にとっても、受け入れる社会にとっても、大きな痛みを伴います。こうした政策そのものが人類に対する精神的、文化的な犯罪ではないでしょうか。

争に悩む兵士、ベトナムの農民に思いを寄せる兵士……。そんな中、ベトナム反戦を決意した脱走兵も数多くいました。日本人の中にも、彼らの海外脱出を手伝う組織が生まれ、実際、かなりの数の反戦兵士が脱出に成功しています。

「蝶々さん」以来の悲劇

地位協定九条二項には続いて「ただし、日本国の領域における永久的な居所又は住所を要求する権利を取得するものとみなされない」とあります。これは「優遇」というよりも「制限」です。アメリカ軍関係者は軍の命令により、必ず本国に帰還しなくてはなりません。このことが生む悲劇は「蝶々夫人」の時代から繰り返されてきています。

Q36 〇九年、入管行政の大改悪が決まったそうですが？

入管法・入管特例法・住民基本台帳法が改悪され、二〇一二年には入管行政の姿が根本的に変更されると聞きました。どこが問題なのでしょうか。

二〇〇九年二月、政府法務省・総務省は当事者にはなんの打診《だしん》もなく、秘密裏《ひみつり》に練り上げた入管法・入管特例法・住民基本台帳法の改定案を発表。翌月には国会に上程し、強引な成立を図ってきました。その結果、一部の修正はあったものの、七月八日には三年以内（二〇一二年）の施行をうたい可決成立してしまいました。

これまでの入管行政を根本から改編する大改悪であるにもかかわらず、踏み込んだ議論もなしに、なしくずしの成立を目指した政府の姿勢には憤りを感じざるを得ませんが、これになんの抵抗も見せない国会にも失望させられます。もちろん成立したからといってこれをすんなり実施させるわけにはいきません。改悪の正体が明らかになれば激しい反対の声が挙がってくるものと思われるので、施行が予定されている二〇一二年までにはまだまださまざまな闘いが登場することになるでしょう。

改悪法の問題点は広く深いものなので、本書で解き明かすにはスペースが足りません。あえて一言でいうなら、永住者であれ特例永住者であれ、すべての外国人を登録の対象から監視の対象におとしめ、戦前のような治安警察情報（入管情報は戦前、内務省警保局外事課が収集・管理し、特別高等警察と並び恐れられた人権圧殺機関でした）に押し込むことで、個人情報保護法や情報公開法による人権チェックが及ばない反人権法が成立したことを意味します。外国人はすべて危険人物、という発想への後戻りです。

本書では要点を訴える緊急提案を掲載するにとどめざるを得ませんが、新法の現物などに当たって改悪の実態をご確認ください。以下は二〇〇九年五月の『解放新聞』2420号から七月の2427号まで、七回にわたる連載「改悪入管法を読む」に手を入れたものです。緊急提案を掲載していただきました同紙編集部には深く感謝申し上げます。

1　入管二法体制からの歴史的大転換　①上

究極の管理法案の上程

政府・法務省が外国人管理制度の抜本改定を言い出したのは二〇〇六年夏のことです。この年の五月には入管法の改定（日本版VISITの導入といわれた）があり、US-VISITに倣《なら》って新規入国者からの指紋・顔写真データ採取が決められ（翌年十一月実施）、七月には安倍内閣の「骨太の方針」が閣議決定され、二〇一一年からの社会保障カード導入が決定されています。これらを受けての構想であることにまず注意

世界に通じない戸籍制度

日本は戸籍制度を守る形で戦後処理（国籍の勝手な決めつけ）をしてしまいました。しかし戸籍制度はそれ自体、人権を脅かす、個人情報保護に反する支配装置なのです。すなわち世界に容認されるシステムではないのです。これを基準に国籍を決定したとしても正当性は何もありません。それどころか、制度そのものが世界の個人情報保護基準から指弾されざるを得ないものなのです。

する必要があります。

当初の構想では新規入国者には「在留カード」の携帯を強制。永住者（特別永住を含む）は日本人並み管理（住民票への搭載と在留者仮戸籍の新設）に近づけ、外国人登録を廃止する、というふれ込みでした。戦後五十年以上続いてきた入管二法（入管法と外国人登録法による管理支配）と決別するという以上、その後の日本の在留を長期にわたって処遇することになる抜本改定にはちがいありません。

在留管理が政府の専権事項《せんけんじこう》だとしても、それは外国に向けた国の顔でもある。国民に翻ってくる処遇である以上、広く議論されるべきものです。外国人に対する人権の配慮を欠いたUS‐VISIT（アメリカの反人権法・愛国法を入管に適用した管理システム）はヨーロッパを中心とする国際非難を浴び、アメリカの国家的信用喪失が起きています。ですから日本への導入は国民に開かれた議論が不可欠なのです。ところがこの構想は完全な密室の中で煮詰められ、突如、法案となって姿を現しました。二〇〇九年二月二十五日のことです。

身勝手な労働政策に寄与

政府は関係者の声を聴取することもなく、「住民基本台帳法（住基法）」改定案を二〇〇九年三月三日に、「入国管理及び難民認定法（入管法）」改定案、「日本国との平和条約に基づき日本国籍を離脱した者等の出入国管理に関する特例法（入管特例法）」改

日本はNOといえるのか

アクセンチュアは日本の出入国管理システムの高度化や、新規入国者の管理を請け負っています。二〇〇七年十一月、日本は新規入国者に対して指紋採取と顔写真の撮影を義務づけました。これは世界から顰蹙を買っているアメリカ（＝アクセンチュア）・システムの丸写しです。

二〇〇九年一月十二日から、アメリカはビザなし短期滞在者の入国審査に当たって、事前に「犯歴」などの質問に対する自己申告をインターネットで求めるようになりました。ネット申告がマイクロソフトのOSに限られれば、アメリカは申請者のパソコンの全情報を覗くことができます。すさまじい人権侵害で、アメリカは世界から孤立するでしょう。指紋採取だけで、世界の知識人は訪

定案を同六日に閣議決定し、〇九年の通常国会に上程したのです。五月には住基法については衆議院総務委員会で、入管法・入管特例法については同法務委員会でそれぞれ審議入りしました。

　コトの始まりは在日韓国・朝鮮人問題にあったのですが、その点はひとまず措くとして、政府は当面の課題を急増する移住労働者、新規入国者の在留管理（不法滞在・難民対策を含む）に絞り込むそぶりを見せました。

　日本の都合によって迎え入れ、不都合になればお帰り願う身勝手な労働政策に寄与しようという入管行政です。これに呼応するように登場したのがアメリカのテロ対策の切り札、US‐VISITです。外国人をテロリスト予備軍とみなす非人道的な入国管理システムです。アメリカはこれを入国管理の国際標準にしようともくろみましたがヨーロッパの顰蹙《ひんしゅく》を買っています。

　日本はこのシステムを構築したアクセンチュア（本社はバージン諸島）にICパスポートによる通関システムを請け負わせ（〇五年）、日本版VISITの構築を任せました。そして〇八年には両国のVISITはICPO（国際刑事警察機構）のデータ共有を口実に結合されています。

　ちなみにアクセンチュアは法務省から戸籍を除くすべての個人データのシステム構築を委託されたばかりか、厚労省の社保カードの構築にも、総務省を通じて一枚咬んでいます。法務省、とりわけ総務省はこの社の在留管理システムがお気に入りのよう

米を避け始めています。孤立はアメリカのインテリジェンスを低下させます。でも、日本はアメリカ同様のシステム受け入れを強要されるでしょう。それにNOといえるかどうか、それが試されています。

照合は顔写真のみ

　アクセンチュアのシステムでは顔写真の照合をオンラインの顔認識システムで行っていますが、現在のところ指紋はいざというときの担保にとどまり、認識・照合はしていないようです。現在、音声認識と並び、顔認識システムが急速に高度化しています。

なのです。ですが、新規入国者の人権はほとんど省みられてはいません。

2　入管二法体制からの歴史的大転換　①下

GPSカードも構想

改定入管法の対象になるのは特別永住者を除く三カ月を越える中長期在留者（一般永住者を含む約一七〇万人）で「在留カード」により入管局が直接支配します。雇用者に報告義務を課して不法就労などを厳しく取り締まる（留学生には留学先、研修生には研修先が報告）とともに、超過滞在者を炙《あぶ》り出して（カードの不交付）追放したり、難民申請中の仮上陸者の隔離政策（カードの不交付）に活用します。構想の段階ではカードにGPS機能（位置情報追跡システム）を組み込む、としていましたがカードの仕様については法務省の自由なので、改定案ではなにも語られていません。施行後はGPSが組み込まれ、野良犬並みの監視下に置かれることになりかねません。

対象者はオールドカマーであれニューカマーであれ、最も立場の弱い部分です。そこにカードの携帯を義務づける措置はあまりにも過酷《かこく》で、従来の外国人登録証の携帯に対しても国連自由権規約委員会から問題視されてきた（九三年総括所見、九八年勧告、〇八年勧告実施所見）のです。そのカードを更なる分断支配に使おうというのです。カードの不交付や在留資格の変更など、分断支配を券面に反映するため、地方入管局に

戸籍支配の基盤

戸籍に基づいたパスポートは偽名を防ぐのでしょうか。そんなことはありえません。日本人がきめ細かな支配のネットワークに絡めとられ、制度に屈服しているから錯覚するのですが、国際犯罪シンジケートから見れば、こんなやわな制度はないのです。個人が他人になりすますのに、なんのチェックもない。戸籍制度が有効なのは百年変化のない封建的な農業社会の人間関係の中で、親族や近隣の相互監視が成立している時代の話なのです。その基盤が失われてしまえば、支配力を失う制度なのです。

よるカード管理が徹底されますが、ここにも多くの人権侵害の根が横たわっています。

政府が勝手に使える情報プール

たとえば居住地の虚偽《きょぎ》届出や「配偶者の身分を有する者としての活動を継続して三月以上行わないで在留していること」を在留資格の取消事由にしていますが、これは由々しきことです。この規定の不当性は家庭内暴力で身を潜める妻や子を想像してもらえばすぐにわかります。いや、その措置が不当だというばかりではありません。同居や婚姻といった形式的な情報を直接法務省・入管局が掌握《しょうあく》することの問題性や、実質に踏み込んだ調査や調査データを収集することの問題もあります。DV（家庭内暴力）の我慢強要にもつながる私生活への不当な介入だからです。

構想段階にあった在留者仮戸籍の制定が、今回どこにも表明されていません。法務省による在留者個人情報の一元的な収集が可能なら、改めて仮戸籍を制定する必要はありません（戸籍が持つ親族情報も収集は簡単で、法に縛られることもない）。政府が自由に使える情報プール（在留管理情報システム）が構築されればそれでいい

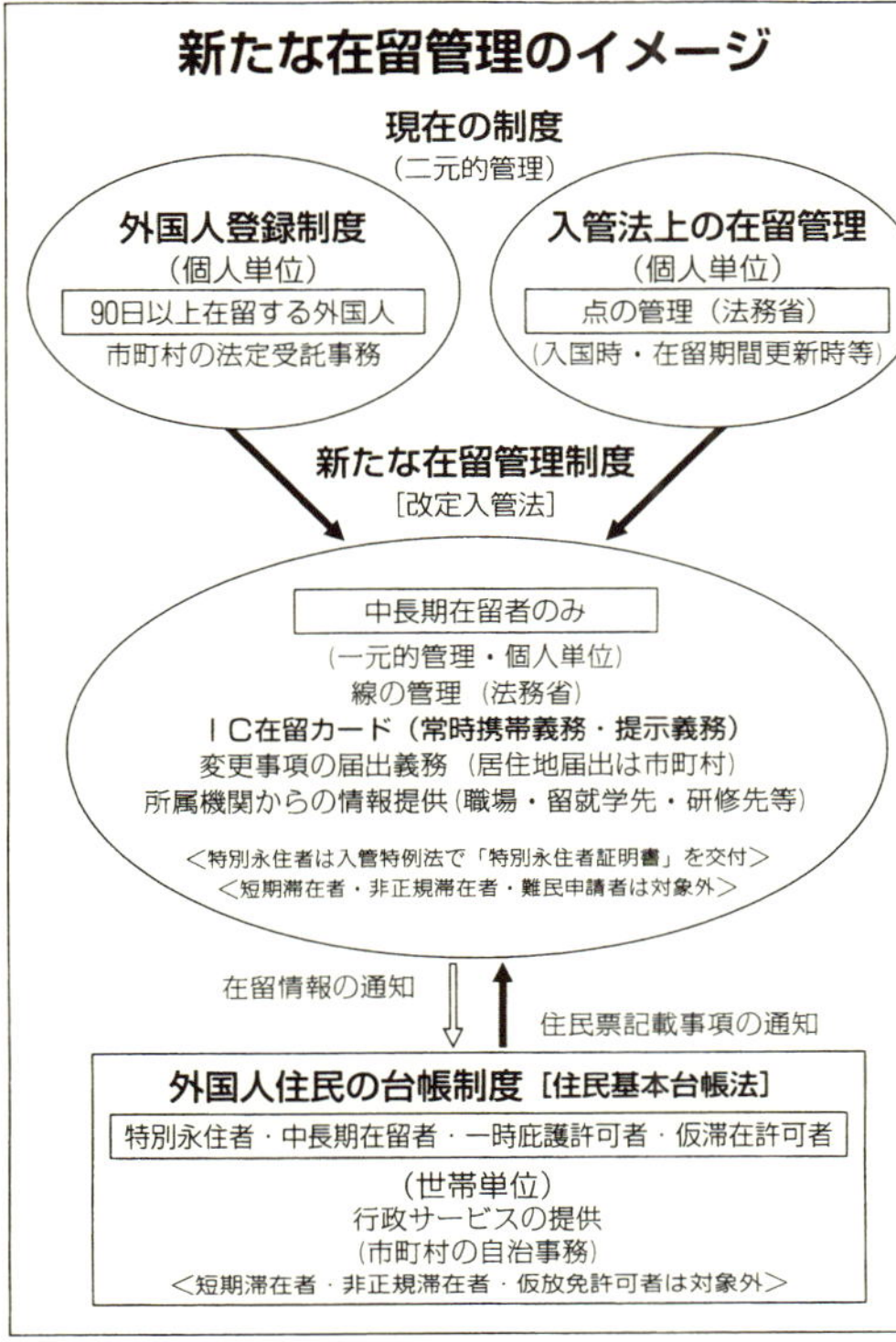

〈外国人人権法連絡会「在留管理に異議あり！」プロジェクトチーム作成〉

のです。個人情報保護法も適用されない人権とは無縁なシステムの構築、法務省・入管が狙っているのはこれです。戸籍には現れない重国籍の子などのデータがここに蓄積されるのでしょう。外国人の認知情報や外国で生まれた子の父親情報など、戸籍を越えた調査データがどうなるのか、人権の行方が危惧《きぐ》されます。

3 在日の願い裏切る新居住地支配 ②上

在留管理に組み込まれた「外登」

今回の改定において最大の懸案《けんあん》だったのが特別永住者の処遇《しょぐう》でした。いわゆる旧植民地出身者とその子孫の扱いです。法務省と総務省は内国民扱いに合意した、と聞いています。治安公安スジは「北の脅威がある以上認められない」とし、外国人扱いにこだわりました。

前者の主張によれば、①住民票は日本人と統合し、外国人登録証の携帯は停止。後者の主張によれば、②永住者住民票を新設し、外登証の携帯は従来どおり、というものでした。この綱引きが法案公表の遅れを招いた（在日の議論を避けるためにわざと遅らせた、という説も）とされます。

入管特例法改定案は住民票については①を、外登証（特別永住者証明書と名称変更）については②を採用しています。これに対して在日の団体の多くは②に反対しながらも①を評価しています。そのため国会でも常時携帯を巡る修正案が与野党間で詰められ、最終的にはこの部分だけが修正されました。

ですが、本当に住民票の①は評価できるものなのでしょうか。まず、外国人登録法が廃止されて住民票へ、という発想が誤りです。外登はニューカマー同様の在留管理情報システムに組み込まれたのです。法務省の勝手次第で法に定めのない自由な個人情報の集積が可能で、捜査情報を含むため個人情報保護法も及びません（オールドカマーもその歴史性を無視され、同様に扱われる。法に基づかない支配、それは法治国家以前への後退です）。

②よりも①のほうがましなどという議論は登録の本体が住民票に移ったかのような錯覚に基づくまやかしにすぎません。在留管理情報システムは戦前の外事警察（入管局の前身）の外国人登録簿を思わせるものがあります。無法地帯への墜落なのです。すなわち、今回の改訂は特別永住者の外国人扱い（というよりも虞犯者扱い、と言ったほうがいいかもしれない）を確定したにも近いものです。

住基カードみすえ外登証を存置

住民票は①、外登証は②という組み合わせこそ最悪で、究極の管理方式ではないでしょうか。日本人との統合住民票を評価するなど、右の確定を目くらますもの。この点を突かれずに済んだ当局は、まさに思惑通りだったといえましょう。思惑についてはおいおい明らかにするとして、ここでは、外登証の存続に関する問題点を指摘しておきます。

外登証の常時携帯は国連からも批判されています。したがって強制を緩和する修正は当然のこと（政府も読込み済みだったのではないか）で、喜ぶに値しないものです。にもかかわらず、外登証（カード）の存置を決めたのはなぜでしょうか。第一の理由は将来における布石（住基カード類の携帯）です。第二の理由が指紋廃止闘争の遺産の解体（オトシマエ）です。

指紋廃止闘争は外登法抜本改正の一環として闘われました。したがって外登証の廃止も目標の一つで、闘いは常時携帯の拒否から受領拒否にも及びました。治安管理当局は提示命令はおろか、不携帯の告発・逮捕も不可能な事態に追い込まれていたのです。以来、外登証の存在を忘れて暮らしている在日も少なくはありません。

特例法改定案はこの事態をリセットします。いや、外登法にはなかった受領義務が明記されています。リセットにはとどまらない報復（オトシマエ）にほかなりません。カードの運用主体は国。指紋押捺反対闘争時とは違って、自治体の告発は必要ありません。制裁は即刻可能で、違反者（カード記載事項の変更届を含む）は刑事罰によって取り締まれます。

ことはカードの携帯提示義務を緩和すれば済むというような問題ではありません。カードの受領そのものが、次なる制裁への布石なのです。

戸籍に関心の高い読者へ

住所に関する登録である住民票には「世帯主との続き柄」という欄があります。「妻」とか「子」などの記載欄ですが「これを戸籍に基づいて正確に」となれば、住民票は住所に関する登録を越え、身分管理の台帳になってしまいます。住民票は現にそのように運用され、戸籍に見張られているのです。

外国人には戸籍がない。だから「外国人にも住民票を」となると、これが問題になってきます。続き柄による身分管理をやめるか、外国人の身分管理も徹底するかの選択が迫られるのです。

外国人管理の抜本改定が俎上に登ったとき、外国人仮戸籍の新設が提案されていました。つまり、身分管理の徹底が構想されていたのです。

4 在日の願い裏切る新居住地支配 ②下

強まる居住地の国家支配

在日の中には以前から住民登録を望む声がありました。管理を目的とする外国人登録とは違い、サービスの台帳だと錯覚していたからです。しかし住基台帳はますます国家管理の台帳化し、行き着いた果てが住基ネットです。自治省（現総務省）は「戸籍のない者には住民票を作るな」という違法な指示を出し、それに従う違法な自治体の処置を最高裁が追認する（世田谷訴訟二〇〇九年四月十七日判決）という信じられない国です。

外国人登録は廃止されたのではなく、法務省の情報システムの中に身を潜めたのです。そしてそこから住民登録を見張り、指示を出す。住登には在留資格など、日本人にはない記載事項に溢れ、自治体は法務省（入管局）に従うだけ（お伺いを立てなければ住民票を作ることができない）の存在です。住民登録が本来は自治事務であることはすっかり忘れ去られてしまっています。

自治体も許しがたい存在です。生活保護費を切るために公園生活者の住登を消除《しょうじょ》したり、釜が崎の共同事務所の登録者を抹消したりしています。住登を切っても生活保護は切れないのに、切ってしまうという無法が行われ、あたかも住登がサービスの淵

それが、今回の改訂ではまったく姿を消しています。仮戸籍といってしまえば、ではどんな制度か、差別はないか、人権は大丈夫か、と内容の追求が必死です。そこで仮戸籍をコンピュータ・データの中に隠してしまったのです。外国人管理ならなんでもあり（なにせ外国人は日米政府にとって「焼いて食おうと煮て食おうと自由」な国家の安全を脅かす虞犯者なのですから）。差別があろうと人権を無視しようと知ったことではない、というわけです。

〈筆者の反省とおわび〉
ここで筆者はお詫びする必要があります。うかつだったと反省いたします。在日コリアンは定住の経緯にかんがみ、入管法ではなく法126―2―6で在留が保障され、その子も入管令4―1―16―2で在留が認

源であるかのような風潮を作っています（住登を淵源とするサービスは選挙権だけ。被選挙権は無関係）。

ですが、釜が崎で在日を切ることはできませんでした。外国人登録には職権消除（登録の取消）の手続きがないからです。しかし改定住基法はこれを可能にします。住所変更等の手続きを怠ればバンバン消除され、罰金刑を食らうことになります。突然、手当や保護費が打ち切られるのです（違法なので裁判による回復は可能だが、ダメージは決定的）。

自治体は法務省に従うだけの存在

住民票の記載事項が日本人のものと決定的に違うことはすでに述べました。ところで在日の本名運動をどう考えるのでしょうか。日本名を名乗るしかない差別実態はなくなったのでしょうか。そんなはずはありません。この問題を見落としているだけのことです。

では、どう記載されるのか。驚くなかれ、外国人はすべてアルファベット（この表記をめぐっては、今後混乱が起こるだろう）です。本名（従来の漢字名）か日本名のどちらかひとつが備考欄に付記されるだけです。この差別を伴う押しつけ（民族性や伝統の剥奪でもある）は本人ばかりではなく、同居者全員に及びます。これが日本人との

められてきました。問題は三世以降で、その解決として打ち出されたのが一九九一年に登場した入管特例法による特例永住という在留資格、すなわち在日コリアンの永住権（同様のものがその後旧日本人永住者にも認められている）でした。

でも、ここでいう二世三世、すなわち永住者の実子（あるいは直系卑属）とは誰のことでしょうか。実子には婚外子も含まれるのだろうか、事実婚（未届け）の子は含まれるのだろうか。当然この規定が必要だし、運用のための記録（外国人仮戸籍）も必要になります。でも、この規定は日本の戸籍・国籍法に沿う限り、差別を含むことになります。国際法にも抵触します。

外国人の身分関係（妻や子の特定など）を日本が規定することも問題で、差別を含むことが明るみに出れ

統合住民票なのです。

「住民登録が欲しい」という反差別の願いは完全に裏切られます。統合住民票を望んでいるのは管理強化を目指す政府と自治体なのです。指紋廃止の代わりに押しつけた家族登録をさらに進め、混住世帯を完全掌握します。そして外国人を住基ネットに組み込み、利用が進まず行き詰っている住基カードの現状突破を目指す（改定住基法は住基カードの規定変更を含んでいる）。

ともあれ、自治体は個人情報の管理者でありながらなんの裁量権もなく、ひたすら国に従って情報を収集し、法務省に提供します。戸籍の仕組みによく似てきました。一時、法務省で戸籍ネットワーク・システムの構築が検討されていました。その話が今消えています。それがなにを意味するのか。

地方の時代、地方分権、地方自治。その掛け声の裏で居住地の国家管理・支配が強まっています。カードの携帯はこれに輪を掛け、移動情報（居所）を管理・支配します。その完成に向けて用意された法律なのです。

5　最終目標は日本人カード常時携帯　③上

非正規滞在・難民申請者の排除

住民サービスが住民登録に依拠するにつれて、自治体は国の代行者として強権を振

ば国際司法裁判所に提訴される可能性もあります。

入管特例法制定時に問題は始まっていたのですが、筆者はこの点に気づきませんでした（本書旧版では触れていない）。血統によって在留資格（身分）を継承することに慣れすぎていて、その死角を見落としてしまったのです。

日本・法務省はこの問題をうやむやにし、すべてをコンピュータ・データというブラック・ボックスの中に封じ込めることに成功しました。それが今回の外国人管理の抜本改定の一側面なのです。

るうようになりました。弱者切捨ての手段と化した「職権消除（登録の取消）」については前に見ました。ここではあらかじめ切り捨てられている最弱者について考えます。改定に反対する運動の側から「見えない人間」と呼ばれる人たちです。

具体的には不正入国やオーバーステーなどの非正規滞在者と難民認定申請中の人、改定法では住民登録からも在留カードからも排除され、存在証明ができない（現行では外登で可能）人たちのことです。政府（総務省）はこの措置を「不法滞在者には行政サービスを提供しないこととしている。このため、不法滞在者について外国人台帳制度の対象外としても支障はない」とうそぶいています（現行では多くのサービスが提供されているにもかかわらず、です）。

難民認定申請者であっても認定前に「一時庇護上陸許可」「仮滞在許可」（ともに二〇〇三年新設）が下りれば住登の対象になりますが、この許可も出るまでに平均二年、許可率も一〇％以下の危うい権利に過ぎません。

人権否定の隔離合法化

この最弱者の人権を、わたしたちはどこかで「見ない」ふりをしてきました。ニューカマーの中でもごく少数の該当者で、既存の定住者に実害が及ぶことは少ないと思われてきたからです。そのためか二〇〇一年に難民認定申請者の指紋採取が新設されても、指紋と闘ってきた人を除けば、関心はほとんどありませんでした。

二〇〇三年、申請中の難民が強制送還を免れうるとして、難民支援者たちの間でも前記仮許可の新設を歓迎しました。難民認定を放置し、無権利状態に留める政府の狙い（認定にふさわしい人物だけがようやく仮許可されるという二重構造になった）に対して、批判力を持たなかったのです。

批判力低下の裏には新入管体制はニューカマー対策だという錯覚があります。ですが、これは間違いで、今次の改定もそもそもは在日対策に端を発しています。始まりは九四年のアメリカによる朝鮮攻撃作戦にありました。予想される大量の半島難民をどう受け入れるか。そこで浮上したのが難民隔離に効果の高い日本人を含む住基カードの常時携帯制でした（住基ネットシステムは九五年に浮上した）。

難民の隔離は国際法違反です。ですが、申請中の者はまだ難民ではありません。政府が恐れたのは半島難民の在日社会との混住です。それを防ぐ手段が隔離の合法化《かくり》（すなわち人権の否定）と日常的なカードのチェック（日本人の携帯も不可欠）なのです。

だが、住基カードの携帯は失敗し、普及も暗礁に乗り上げました。そこで難民申請者の人権をニューカマー対策にかこつけて奪っていったのです。そして今度は在日のカード廃止の声を「北の脅威」にかこつけて押しとどめたのです。

この間に、アメリカによるテロ対策の国際協調の要請が入り込んできました。日本はこの声に飛びつき、戸籍と連動した住基カードと通関システムを誇って見せました。

しかし、なりすましなど戸籍の脆弱性《ぜいじゃくせい》をカバーできず、逆に指紋を含むアメリカの

日本の半島有事対策

住民基本台帳ネットワークシステムと住基カードが突然浮上した（一九九七年）のは半島有事対策なのです。収容を解かれた難民が在日社会に混住し、紛れることのないように、在日ばかりではなく日本人にもカードの携帯を義務づけ、提示を求める。これが住基ネットの原案でした。カード携帯は義務だったのです（反対が多く、政府も断念。九九年に成立した改正法は希望者だけのカードとなり、制度発足五年後も利用者は一パーセント台。カード化は失敗した）。

このとき練られたシュミレーションはもうひとつ。在韓邦人のすみやかな撤収でした。そこで日本の救援機、救援船舶の自由な寄港を認めて欲しいと韓国政府に申し入れたので

システムに屈服するほかなかった。ここにUS・VISITを構築したアメリカの国策会社・アクセンチュアが介入する余地が生まれたのです。

6　最終目標は日本人カード常時携帯　③下

社保カードと住基カードの結合

アクセンチュアはニューカマーに人権なし、とするブッシュの発想を日本の入管システムに導入。登記システムや犯歴を含む矯正管理システムなど、法務省の全データ管理を受注しました。

戸籍の検討もされたはずです。ですが、アメリカに戸籍はありません。IDは社会保障番号によって支えられています。ですからアクセンチュアは厚労省の社会保障システム構築にも加わりました。橋渡しは「消えた年金」問題で追詰められた社保庁のリリーフに立った総務省です。

厚労省が計画していた保険証のICカード化構想は吹き飛び（おなじころ戸籍ネットワークシステムの構想も消滅した）、社会保障カード構想が急浮上しました。

戸籍を軸に行政の構築を考える日本の役人の呪縛《じゅばく》をIC技術のエリートたちは易々越えたのでしょう。人権上問題になる個人情報はすべて技術的に隠せばいい、という発想です。ですから健保のデータだけでも問題の大きいカード化を越え、年金や

す。動乱の阻止に必死な韓国に、動乱を前提に日本人保護を求めたのです（必要なのはアメリカの攻撃阻止に日本も協力することだった）。韓国は「（すべての）住民はわが国で保護する」として、日本の要求を拒否しました。

浮上した社保カード

住基カードの導入で失敗した総務省は、年金記録問題でつまずいた厚生労働省の立て直しに期待。年金、健康保険、介護保険を統合した社会保障システムと社会保健カードの導入（予定は二〇一一年）を進めようとしています（これにもアクセンチュアが関わっている）。外国人管理は日本人管理とあいまって大きく変化しそうなのです。

介護保険情報も組み込む社保カードの提案を可能にしたのです。

戸籍情報は住基システムの中に隠せばいいし、外国人登録情報も入管情報の中に潜ませればいい。住基カードが普及しないのなら、利用頻度の高い社保カード（アメリカでは義務なしに常時携帯されている）に代役を務めてもらえばいい。社保カードと住基カードとが番号でリンクされていれば、管理上不都合はないのです。

データマッチングもリンクも勝手

こうなると焦点は住基または社保カードの携帯です。今年（二〇〇九年）に入って政府は、住基ネット不参加自治体（国立市・矢祭町）への圧力を強め、住基法改定案では永住外国人の取り込みとともに引越しのたびに再発行していた住基カードを、継続使用のものに変更。名実ともに国のカードになろうとしています。

一方、民間利用を前提とする社保カードは番号の議論が聞こえてきません。「住基番号でいいじゃないか」「住基カードと兼用でも」「納税番号にも流用したら」という声が審議会周辺で飛び交っているだけです（適用は二〇歳からか、〇歳からかの議論もある）。

結論は出ているのです。住基番号とのリンクです。すでに年金事務は住基ネットと不可分（未加入者の炙り出し利用は法定外利用＝違法）なものになってしまっています。驚いたことに、いつの間にか現在の住基カードは他のカードと重ねて使える仕様に変

国家防衛と人権

国家防衛のためにはテロとの闘いにどんな手段も辞さない、とするブッシュ（J）前大統領も、アメリカ議会における人権尊重の声に対して、こう答弁しています。「ビン・ラディンといえども、地続きで入国してきたのであれば、アメリカ人が享受しているすべての人権を認める」、つまり地続きで入国してきたものは内国民で、居住権を含む人権が発生し、差別できなくなる、というのです。だから人権のない外国人を、水際で阻止するのだ、というのがブッシュの論理なのです。乱暴ではあるけれど、国内居住者の人権を認めず、追放を辞さない日本の論理よりも、生活者にとって優しい政策なのかもしれません。

更されています。データマッチングもリンクも自由なのです。

カードの仕様について警告しておけば、発足時から住基カードは発信装置内臓の非接触型（読み取り機にかざせばＯＫ、通す必要がない）です。この発信機能を拡充すれば位置情報を報せることも可能なのです。こうした仕様変更は国会での審議もなく、勝手に行えるものと知るべきです。

住基カードに見張られた社保カードがアメリカのように常時携帯されていく。医療や戸籍といったプライバシーを含む個人情報は、外国人データベース同様の見えない世界に埋め込まれていくのでしょう。ですがこの情報は日本ばかりかアメリカ政府にも筒抜けとなります。

社保カードの導入予定は二〇一一年。改定法の施行予定は二〇一二年（明らかに連動している）。施行を食い止め、改定を見直さなければなりません。

7　改定法成立の意味と反撃の可能性　終

住民サービスを入管制度に下属

六月十九日、改悪入管法が修正の上、衆院を通過しました。修正は予想通りカードの携帯義務を保留した程度のもの。同時に採択された付帯決議も「弾力的運用」を求めるという型どおりで実効性の担保がないもの。問題を指摘してきた「移住労働者と連帯する全国ネットワーク『在留カードに異議あり！』NGO実行委員会」は「住民サービスのための基礎的制度を入管制度に従属させるという根本的な点は変更されないまま」とする抗議声明を発表しました。

施行予定が二〇一二年なので、緊急案件ではありません。しかし政府は国会の混乱に乗じて〇九年七月八日、参議院での採決を行い、可決成立してしまいました。与野党とも根本には触れず、修正を軸に無原則な歩み寄りをみせたのです（前記グループの抗議声明は別途掲載）。そこでことの根本に触れておこうと思います。

改悪入管法を一言で言えば日本人を含む究極の管理（世界最強のアメリカ型入国管理と日本型国民登録の不幸な合体）の始まりです。トリックは外国人登録→住民登録という図式にあります。ですが実際、外登は法務省入管局の総合データベースに移行されるのです。登録の中身は入管の勝手で、市民の監視から完全に閉じられます。戦前の内務省警保局外事課の尾行情報を含む登録簿を髣髴《ほうふつ》させるものに他なりません。

住民登録に、というのもまやかしで、実際は

新しい住基カード（2009年4月下旬から順次発行予定）

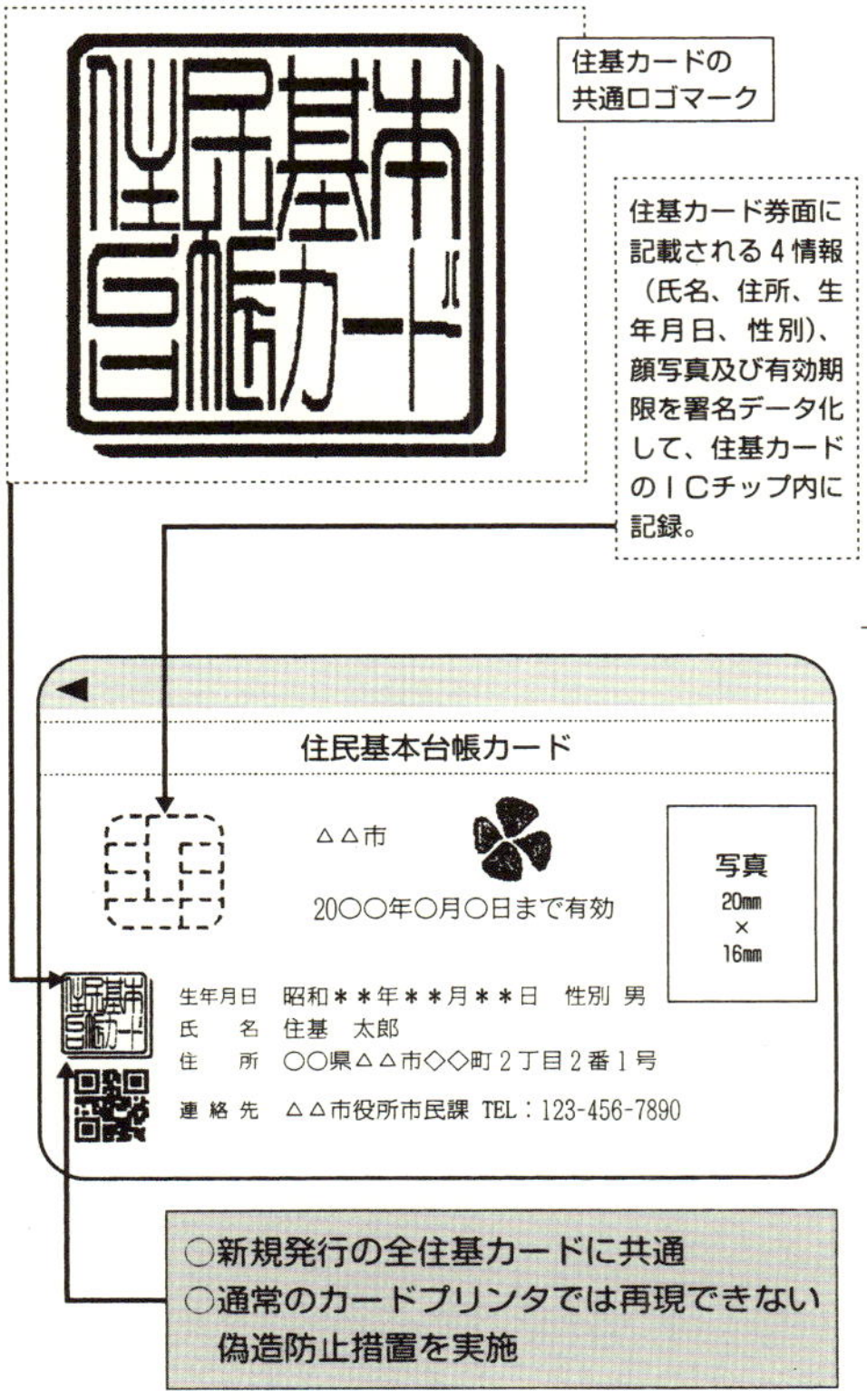

住基ネットへの組入れが狙いです。これによってネット（カードを含む）は効率的な支配システムとして完成します。

住基めぐる闘いは共生社会の基礎

この新入管体制のネックは住基法の主体が自治体にあって、国の制度ではない点です。これを事実上、国の制度にすることが従来から狙われてきました。住民記録は戦時中のサービス（配給制度など）を円滑に実施するために各自治体が工夫してきた居住者登録に淵源があります。「この記録を公的に認めよ」というのが戦後の自治体の要求でした。ですが、政府は「自治の未成熟」を理由に拒否（人権を解さぬ自治体があったのも事実だが）。一九五一年、住民登録法を導入します。

しかし、このときの住民には外国人も含まれていました。天皇と外国人が登録から除外されたのは翌年登場した住登法施行令一四条によってです。民法上、外国人も住民であり、住民の記録は地方自治法上自治体の義務（一三条二）です。差別のない記録は憲法上の要請でもあります。つまり、政府はこのときから住民登録を違法・違憲状態に置いたのです。ですが、地方自治の理念からすれば、だれが住民であるかを決めるのは自治体住民で、政府が関与すべき事柄ではありません（村八分など、人権に反した場合には個別に対処すれば済む）。

アメリカではこれを市民権と呼び、ドイツでは州政府が住民記録を連邦政府に提供することはありません。自治とは成員の登録のあり方を含むものです。自治体はなお、住登とは無関係に住民記録（住民データベース）を保有しています。これをベースにサービスを提供することは可能なのです。

　政府は一九六七年、目的に「国……の行政の合理化に資する」という一文を挿入した住民基本台帳法を成立させました。そしてこの条文を盾に、九九年、住基ネットを自治体に強要しました。しかし、サービスの淵源は登録にあるのではありません。番号やカードに由来するものでもないのです。居住の事実、住民としての生活実態によります。

　外国人であろうとなかろうと、住民となった隣人は自治体によって保護されるべきです。でなければ市民生活は成り立ちません。隣人との良好な関係を明日も保障される権利は市民だれにもあるはずです。この権利の確立が共生社会の基礎です。住基を巡る闘いが必要とされるゆえんです。

新入管法改定反対集会

緊急声明

入管法・入管特例法・住基法の成立に対する抗議声明

本日、出入国管理及び難民認定法（入管法）、日本国との平和条約に基づき日本の国籍を離脱した者等の出入国管理に関する特例法（入管特例法）、住民基本台帳法（住基法）の改定案が、参議院で可決された。本法（政府案および一部修正案）が成立したことによって公布日から三年以内に、外国人登録制度に代わる「新たな在留管理制度」「外国人住民票制度」が導入される。すなわち、これまでの外国人登録証明書（外登証）が廃止され、短期滞在者や特別永住者を除く中長期在留者に対して、法務省がＩＣチップ付きの「在留カード」を交付し常時携帯を義務づけるとともに、市町村は「新たな在留管理制度」に連結させられた住民台帳制度の下で、中長期在留者と特別永住者を対象とする「外国人住民票」を作成することになる。

外国籍住民の権利保障を求め共生社会を目指してきた私たちＮＧＯは、これらの改定法が成立したこと、およびその審議過程に対して抗議の意を表明する。

「新たな在留管理制度」と「外国人住民票制度」は、密接に連動している。在留カードを持たない難民申請者を含む非正規滞在者は、実際に地域社会で暮らし、働き、子どもを育てているにもかかわらず、住民基本台帳から除外される。そのため彼ら彼女らは、暮らしと生存を支える各種の行政サービスを享受することができず、まるで地域に存在しないかのように扱われる危険がある。私たちは、地域住民の福祉と人権を保障すべき自治体の機能が在留管理制度に従属させられることについて、強い懸念を表明する。

また「新たな在留管理制度」は、脆弱な生活基盤と雇用形態にある外国籍住民の実態を踏まえず、刑事罰と在留資格取消しという威嚇によって、住居地・身分事項・所属機関の変更届出義務を課し、さらに在留カードの常時携帯義務を課している。このことは、「利便性の向上」を立法目的に謳いながら、実際にはより重い負担を外国籍住民に強いることになる。

入管特例法では、在日コリアンなど特別永住者に対して特別永住者証明書が交付されるが、衆議院での修正でその常時携帯義務は外された。しかし、国連の自由権規約委員会が再三勧告している永住者等の常時携帯義務の廃止は、いまだ実現していない。

かつて一九五〇年代、六〇年代、七〇年代において、外登証不携帯として送致された在日コリアンは年間三二〇〇人に上った。それと同様に、改定入管法の下で在留カードの常時携帯制度は、外国籍住民の日常生活を規制するものとして猛威をふるうことになるだろう。

今回の改定入管法は、非正規滞在者など特定の集団を日本社会から完全に「見えない存在」にする一方、在留資格を有する外国籍住民についてはその個人情報を継続的かつ一元的に収集して管理・監視を強化するシステムを構築する。さらにそれは、法務省による個人情報の集中化とデータマッチング、他の行政機関との情報照会・提供を可能にするものである。これは外国籍住民を先鞭として、ひいては日本国籍者を含む全社会の「監視社会化」を推し進めるものである。

そしてもう一方、労働力補充の「入口」として、労働者の普遍的権利あるいは基本的人権さえをも制限した使い勝手のいい労働者を受け入れるシステムとして固定化する「外国人研修・技能実習制度」の改定を行なったのである。

このように、二一五万人を超える外国籍住民の生活と労働、個人情報のあり方に多大な影響を及ぼす危険があることから、外国籍当事者や支援団体、人権NGOは早くからこの改定案の問題点を指摘し、廃案を求めてきた。それにもかかわらず、政府は外国籍住民から広く意見を聴取する場を設けることも、また法案を多言語化して周知することもしなかった。また国会審議においても、同様である。ましてや、選挙権を持たないこの社会の構成員に関わる法案に対して、国会はその役割・責任をより重く受け止め、審議を尽くすべきであったにもかかわらず、法案成立を急いだ。これでは、「民主主義」とはとうてい言えない。

以上のことから、私たちＮＧＯは、本日の「改定」入管法・入管特例法・住基法の成立に対して、強く抗議する。

私たちは、外国籍住民の管理と監視を強化する法制度から、権利保障と共生を目指した法制度への転換を、今後も求め続けていく。そして、よりよい多民族・多文化共生社会をめざしていく。

かつて一九五二年、指紋制度を含む外国人登録法が公布されたとき、在日コリアンを中心とする反対運動によって指紋制度の実施が二度、三度と延期された。私たちはそのことを想起しながら、三年後の「改悪法」実施に対して、国連で、国会で、地方自治体において、世界各地、日本各地のＮＧＯと連携しながら、闘い続けていくだろう。

以上

二〇〇九年七月八日

「在留カードに異議あり！」ＮＧＯ実行委員会

「在留カードに異議あり！」ＮＧＯ実行委員会 構成団体

移住労働者と連帯する全国ネットワーク（移住連）／在日韓国人問題研究所（ＲＡＩＫ）／㈳アムネスティ・インターナショナル日本／外国人人権法連絡会／㈳自由人権協会／日本カトリック難民移住移動者委員会／反住基ネット連絡会／在日大韓基督教会関東地方会社会部／フォーラム平和・人権・環境／外登法問題と取り組む全国キリスト教連絡協議会（外キ協）／カラバオの会／在日本朝

鮮人人権協会／中崎クィアハウス／山谷争議団 反失業闘争実行委員会／山谷労働者福祉会館活動委員会／在日アジア労働者と共に闘う会／在日コリアン青年連合（ＫＥＹ）／聖公会平和ネットワーク／在日中国人住民の会／反差別国際運動日本委員会／ほか

日韓共催ワールドカップの際、両国の青年がエールを交わした新宿・大久保の韓国料理店「大使館」

〈著者略歴〉

佐藤文明（さとう　ぶんめい）

フリーランス・ライター、戸籍研究者、。1948年東京生まれ。法政大学社会学部中退、元自治体職員（戸籍係）を経て、フリーに。〈私生子〉差別をなくす会、韓さんの指紋押捺拒否を支える会を創設。現在、女性と天皇制研究会、自由民権21に所属。身近な町内会、自治体の問題を研究、批評する。

著書に『戸籍って何だ』『個人情報を守るために』『お世継ぎ問題読本』『あなたの「町内会」総点検（増補改訂版）』『「日の丸」「君が代」「元号」考』（緑風出版）、『〈くに〉を超えた人びと』（社会評論社）、『戸籍がつくる差別』（現代書館）、『戸籍うらがえ史考』（明石書店）、『未完の「多摩共和国」』（凱風社）などがある。

本書の補助情報・改訂情報などは

http://www2s.biglobe.ne.jp/~bumsat/book.htm/

なお、本書中に掲載されている URL 等は変更される場合があります。

プロブレムQ＆A

在日《ざいにち》「外国人《がいこくじん》」読本《どくほん》［三訂増補版］

［ボーダレス社会の基礎知識］

1993年　7月30日　初版第1刷発行　　定価1800円＋税
1996年　3月25日　初版第2刷発行
1997年12月27日　増補版第1刷発行
2002年　3月25日　増補版第5刷発行
2009年　9月20日　三訂増補版第1刷発行
2010年　6月30日　三訂増補版第2刷発行

著　者　佐藤文明©
発行者　高須次郎
発行所　緑風出版

〒113-0033　東京都文京区本郷2-17-5　ツイン壱岐坂
〔電話〕03-3812-9420　〔FAX〕03-3812-7262　〔郵便振替〕00100-9-30776
［E-mail］info@ryokufu.com
［URL］http://www.ryokufu.com/

装　幀　堀内朝彦
組　版　R 企 画　　印　刷　シナノ・巣鴨美術印刷
製　本　シナノ　　用　紙　大宝紙業　　E750

Bunmei SATO© Printed in Japan　　ISBN978-4-8461-0905-9　C0336

◎緑風出版の本

■全国のどの書店でもご購入いただけます。
■店頭にない場合は、なるべく書店を通じてご注文ください。
■表示価格には消費税が加算されます。

プロブレムQ&A
戸籍って何だ
［差別をつくりだすもの］
佐藤文明著

A5判変並製
二六四頁
1900円

日本独自の戸籍制度だが、その内実はあまり知られていない。戸籍研究家と知られる著者が、個人情報との関連や差別問題、婚外子差別から外国人登録問題等、幅広く戸籍の問題をとらえ返し、その生い立ちから問題点までやさしく解説。

プロブレムQ&A
あなたの「町内会」総点検［増補改訂版］
［地域のトラブル対処法］
佐藤文明著

A5判変並製
二一二頁
1800円

事実上の強制加入、そして自治組織といいながらも行政の末端機関のような自治会・町内会に不満や疑問は多いはず。役員選び・ゴミ当番・募金・回覧板・国勢調査など地域の〝常識〟を総点検！　自主的な町づくりを応援。最新増補改訂版。

プロブレムQ&A
「日の丸」「君が代」「元号」考
［起源と押しつけの歴史を問う］
佐藤文明著

A5判変並製
二〇四頁
1800円

「日の丸」「君が代」を「国旗」「国歌」と定めた「国旗・国歌法」によって教育の場で強制が強まっている。本書は「日の丸」「君が代」「元号」の起源とこれらが引き起こした論争を紹介、その変革の可能性を問う「目から鱗」のQ&A！

プロブレムQ&A
お世継ぎ問題読本
［どこへ行く？　女性天皇論争］
佐藤文明著

A5判変並製
二四八頁
1800円

皇室典範では、皇位は皇統に属する男系の男子が継承すると規定。皇太子夫妻に男子が生まれなかったので、政府は天皇制の存続のため、女性天皇を容認する典範改正を図った。これを巡る賛否の論争、歴史分析、天皇制の是非を考える。

プロブレムQ&A
個人情報を守るために
［瀕死のプライバシーを救い、監視社会を終わらせよう］
佐藤文明著

A5判変並製
二五六頁
1900円

I・T時代といわれ、簡単に情報を入手できる現在、プライバシーを護るにはどうしたらよいか？　本書は人権に関する現状や法律を踏まえ、自分を護るための方法や、個人情報保護法案の問題点などをわかりやすく解説する。